内部監査実務シリーズ

内部監査の基礎知識

米国公認会計士
公認内部監査人
佐藤 政人
Sato Masato

同文舘出版

はじめに——内部監査実務シリーズの構成

　現代ビジネスは，交通・通信インフラやITのイノベーションに支えられ，ますます高度化，複雑化が進んでいる。グローバリゼーションやIT化の進展は，企業活動の広範囲化，迅速・即時・リアルタイム化をもたらす一方，経営層の目が直接届かない範囲を拡大させている。内部監査部門は，こうしたビジネス社会の変化に対応して今後もさらなる機能強化が求められていくだろう。将来に振り返れば，現在も歴史の通過点に過ぎず，内部監査にかかわるわれわれすべてが，先人達が残した内部監査に関する知の資産を活用しながら，将来の内部監査のイノベーションに寄与する役割を負っている。

　本『内部監査実務シリーズ』は，内部監査を「温故知新」するものである。本年，下記第1～4分冊を発刊し，来年以降発刊予定の第5および6分冊の2冊を含め，時代のニーズに即したテーマの続刊を予定している。

　　第1分冊　『内部監査の基礎知識』
　　第2分冊　『リスクマネジメントと内部監査』
　　第3分冊　『ITと内部監査』
　　第4分冊　『企業グループの内部監査』
　　第5分冊　『内部統制と内部監査』（仮題）
　　第6分冊　『業務監査』（仮題）

　本書『内部監査の基礎知識』は，内部監査に関する総論編であり，いわば「温故」の内容が主である。第2分冊『リスクマネジメントと内部監査』，第3分冊『ITと内部監査』，第4分冊『企業グループの内部監査』および来年以降発刊予定の各分冊では，主に「知新」の内容を扱う。

　本書においては，内部監査の歴史を振り返り，これまでにデファクトスタンダードとして確立した内部監査の基本項目について概説する。新しく内部監査業務に携わることになった方が内部監査とは何かを理解するため，ある

いは内部監査従事経験者が何らかの課題に直面し原点を見直すことが必要となったときに活用いただければ幸いである。

『リスクマネジメントと内部監査』においては，リスクマネジメント・モデルとして広く知られている米国COMMITTEE OF SPONSORING ORGANIZATIONS OF THE TREADWAY COMMISSION（以下，「COSO」）の公表したEnterprise Risk Management Integrated Framework (2004)（以下，「COSO-ERM」）を概説し，COSO-ERMをベースとしたリスクマネジメント・プロセスの内部監査をどう行うのかについて説明している。

『ITと内部監査』においては，「我が国企業の国際競争力回復」を一貫したバックグラウンド・テーマとし，全社的リスクマネジメントおよび内部監査におけるITの利用とITを対象とする監査について概説する。企業グループとしての国際競争力を高めるためには，オペレーションを高度に標準化し，強力な本社機能を頂点としてトップ・ダウンで機動的に運営する体制への変革が必要である。厳選されたKey Risk Indicator（KRI）とKey Performance Indicator（KPI）に基づくトップ・ダウン型のリスクマネジメントと，それを日常的に実践するためのITを高度に利用するモニタリングと内部監査の手法であるCAATおよびContinuous Monitoring/Continuous Auditingについて詳述する。また，このための必須の知識バックボーンとして，リスク・アプローチとITの監査について，SOX法監査とERPの監査を中心に，フレームワークと実践を詳述する。

『企業グループの内部監査』においては，グローバル・マネジメントのインフラとして内部監査の役割について概説する。企業活動がますます国際性を増すなかで，日本企業の活動領域は，大企業，中小企業を問わず，また業種を問わず，製造，販売，財務等の経営活動のさまざまな分野で海外に広がっている。一方，日本市場における外資の活動も広がりをみせている。国ごとの法規制はあるものの，企業にとって国境の壁は低くなっているといえよう。海外にグループ会社をもつ企業グループは，ビジネスの規模，複雑性等に応じたグローバル・マネジメントを必要としている。企業グループにおい

はじめに

て内部監査がどのようにして経営を支えるかということを読者が理解することに主眼をおき，そのために，企業グループの内部監査体制をどのように構築し，グループ全体にわたる内部監査をいかに実践するかを詳述する。

　来年以降発刊予定の『内部統制と内部監査』（仮題）においては，J-SOXの経営者評価の実務を解説しながらも，それにとどまらない内部統制における内部監査の位置付け／役割を概説する予定である。また，『業務監査』においては，業務監査の概念を整理し，監査役監査における業務監査と内部監査における業務監査を概説する予定である。監査役監査における業務監査については，取締役の意思決定の監査，内部統制システムの整備状況の監査，競業取引等の監査などをどう行うかを紹介する。また，内部監査における業務監査については，製造会社を例に，さまざまな業務，たとえば，販売業務，購買業務，在庫管理，製造管理，人事・労務管理，財務管理，固定資産管理，グループ会社管理などの監査手続を紹介する。

　本『内部監査実務シリーズ』が内部監査にかかわる人たちの業務遂行にいささかなりともお役に立つことができれば幸甚である。

　末筆ながら，本『内部監査実務シリーズ』の出版を支援してくださった同文舘出版株式会社の中島治久社長と青柳裕之氏，角田貴信氏に心から感謝を申し上げる。

　2011年 9月

　　　　　　　　　　　　　　　　　　　　　　　　　　　　佐藤政人

内部監査の基礎知識◉もくじ

第Ⅰ部　内部監査とは

1　内部監査の歴史 ―――――――――――――――――――3

2　IIA専門職的実施の国際フレームワーク ――――――――7

専門職的実施の国際フレームワークの概要 ――――――――――7
　(1)　内部監査の定義（Definition：The Definition of Internal Auditing）　8
　(2)　倫理綱要（The Code of Ethics）　10
　(3)　内部監査の専門職的実施の国際基準（Standards and Interpretations）／
　　　 実践要綱（Practice Advisories）　10
　(4)　ポジション・ペーパ／プラクティス・ガイド
　　　（Position Papers / Practice Guides）　20

第Ⅱ部　内部監査の実務

1　内部監査の機能・体制構築 ――――――――――――――25

1. ステークホルダーのニーズ ――――――――――――――25
　(1)　経営陣とのコミュニケーション　25

(2) 取締役会や監査役会とのコミュニケーション　26

2. 内部監査部門の独立性・客観性 ―――― 27

3. 内部監査部門の権限と責務 ―――― 30

4. 内部監査部門の組織体制 ―――― 34

5. 内部監査規程 ―――― 37

❷ リスク評価と監査計画 ―――― 45

1. リスクの概念 ―――― 45
(1) 経営外部環境リスク　47
(2) 経営プロセスリスク　47
(3) 意思決定情報リスク　50

2. リスク評価の手法 ―――― 52

3. リスクベースの監査計画 ―――― 55

4. 監査計画の構成 ―――― 57

❸ 監査の実施 ―――― 59

1. 往査の事前準備 ―――― 59

2. 監査プログラム —— 61
3. 監査手法 —— 62
4. 監査証拠 —— 67
5. 監査調書 —— 69
6. 現地講評会 —— 71

4 監査報告 —— 75

1. ステークホルダーへの報告 —— 75
2. 監査活動報告 —— 75
3. 個別監査報告書 —— 76

5 フォローアップ —— 79

1. フォローアップの重要性 —— 79
2. フォローアップの制度 —— 80
3. フォローアップ監査 —— 81

6 内部監査の品質評価 ——83

1. 品質評価の基準 ——83
2. 内部評価と外部評価 ——84
3. 評価結果の報告 ——87
4. 評価結果の事例 ——87

第Ⅲ部　これからの内部監査

1 内部監査の効率化 ——93

1. リスクと内部統制の一覧化 ——93
2. 統合内部監査 ——97
　(1) 被監査会社/拠点の現状　97
　(2) 効率化のためのStep1―内部監査業務のOne Window化　99
　(3) 効率化のためのStep2―統合CSAの開発　100
　(4) 効率化のためのStep3―リスクアプローチの導入　105
　(5) 効率化のためのStep4―混成往査チームの編成　108
　(6) 効率化のためのStep5―J/Vにおける監査の統合　108
　(7) まとめ　109

❷ 内部監査機能の改善 —————————————111

1. 機能改善のための課題整理 —————————————111

2. 改善の実例 —————————————113
- 事例1　戦略に関する改善　　113
- 事例2　構造に関する改善　　114
- 事例3　人に関する改善　　116
- 事例4　プロセスに関する改善　　117
- 事例5　テクノロジーに関する改善　　117

参考文献　119
巻末資料
1. 内部監査の専門職的実施の国際基準（2011年1月1日改訂版）　123
2. 倫理綱要（2009年1月1日改訂版）　157
3. 内部監査マニュアル例　160

索　引　169

第 I 部

内部監査とは

1 内部監査の歴史

　内部監査の歴史は，監査という概念の発祥地点にまで遡ることになる。㈳日本内部監査協会訳（2006）『ソイヤーの内部監査（vol.1）』の第1章では，内部監査の歴史が紹介されている。現在の内部監査においても内部監査の監査対象／監査手続／存在意義の根幹を成す，「職務分掌」という概念，「ヒアリング」という手法，「複式簿記」の発明，「投資家のニーズ」と「ビジネスや業務の複雑化と高度化」などは実に5,500年もの人類史のなかで培われてきたものであることがわかる。

　同書によると，「職務分掌」という概念は，紀元前3,500年の古代メソポタミア文明で金融取引にかかわる数字の横に小さなマークが付けられていたことから，誰かが記録した取引の合計を別の誰かが検証したものではないかと推測し，職務分掌というきわめて基本的な内部統制がこの時代に始まったのではないかとしている。

　「ヒアリング」という手法の発祥は，古代ローマ時代において「勘定についてのヒアリング」が行われていたことに始まるとされている。このヒアリングでは資金担当官の不正防止を目的とし，1人の役人が自分の記録をもう1人の記録と口頭で確認していた。この勘定のヒアリング作業がラテン語で聞くことを意味する「Auditus」に由来し，「Audit」（監査）の語源となった。

　13世紀の中世イタリアでは，商業が著しい発展期を迎え，より洗練された簿記の必要性が高まった。すべての取引を借方と貸方に記帳する複式簿記の発明である。この複式簿記のおかげで，顧客への販売取引と仕入先からの購入取引をコントロールすることが可能となり，従業員の仕事を簿記の記録によって監視することも可能となった。また，複式簿記の記録を監査することの重要性も認識され，15世紀には，スペインのイザベラ女王の代理として，

新大陸へ航海するコロンブスに監査人が同行した話が紹介されている。

19世紀に入ると，英国が世界の経済の中心となり，富裕な英国人は米国企業に多大な投資を行った。彼らは自分達の投資の有効性について確認する必要があったが，自ら確認するには海を渡らなければならず，第三者による独立したチェックを望んだ。米国のみならず，英領植民地において英国の監査人が活躍する場が広がったことが紹介されている。独立した第三者による監査への「投資家のニーズ」は，現在においても，同様の地理的制約から，また，複雑・巨大化した企業の実態を自ら把握することの困難さから，監査の存在意義を維持する大きなファクターである。

監査の概念に，"内部"監査というカテゴリーが加わったのは，20世紀の米国における鉄道会社が最初であると紹介されている。鉄道会社の役員は，米国全土に散在する駅の駅長が売上金を適切に処理しているか否か確認する必要があった。こうした業務上の問題の監査には外部監査は不向きで，自社の業務を熟知した"内部"の監査人が必要となったのである。その後も「ビジネスや業務の複雑化と高度化」にともなって，経営層が直接業務を監視することはさらに困難となり，内部監査の役割はその重要度を増してきた。

所有と経営の分離により，所有者である投資家は，独立した監査人による監査を求めている。複式簿記をベースとした財務諸表監査は，各国の一般に公正妥当と認められた監査基準に基づき，外部監査人によって監査が実施される。さらに複雑・高度化したビジネスや業務の監査については，独立した外部監査人が実施するには限界があるため，組織体のガバナンス，リスクマネジメント，コントロールの状況について深い理解を有する内部監査人が担当する。内部監査部門はCEO等の執行部門に直属する場合が多く，執行部門のなかでの独立したモニタリング機関の位置づけとなるが，最終的には，CEO等が取締役会ひいては投資家に対して，執行部門の内部統制に重大な不備がないことを表明するためのアカウンタビリティを確保することが内部監査の根本的な存在意義となる。

経済活動や組織体の運営上，自然発生的に生まれた監査であるが，内部監

査として，独自の体系の発展には，アメリカで1941年に設立されたThe Institute of Internal Auditors,Inc（以下，IIA）が大きく貢献している。日本においては，1957年に日本内部監査人協会（現：社団法人日本内部監査協会）が設立された。IIAおよび日本内部監査協会が公開してきた基準やガイドラインについては，本書において随所で参照していく。

日本内部監査協会が設立された同じ年に，「内部監査士」認定制度が発足し，1999年には「公認内部監査人」の国際資格が日本において日本語で受験できるようになった。これらの資格認定制度は，当然のことながらIIAおよび日本内部監査協会の基準やガイドラインの理解が認定の合否の最大のポイントとなる。資格認証者の増加にともない，元来，組織体任意の機能であるために方針，手続なども各様となる内部監査に共通の枠組みが提供され浸透してきた。

冒頭で述べたとおり，現代ビジネスは，交通・通信インフラやIT技術のイノベーションに支えられ，ますます高度化，複雑化が進んでいる。グローバリゼーションやIT化の進展は，企業活動の広範囲化，迅速・即時・リアルタイム化をもたらす一方，経営層の目が直接届かない範囲を拡大させている。内部監査部門は，こうしたビジネス社会の変化に対応して今後も機能強化が求められていく。個々の組織体において，内部監査機能の有効性・効率性の向上に努めるとともに，それがやがては，IIAや日本内部監査協会の基準やガイドラインに反映されるようわれわれ内部監査にかかわるすべての人々が内部監査のイノベーションを担う役割を負っている。

2 IIA 専門職的実施の国際フレームワーク

現代の内部監査では，IIAが発行する「専門職的実施の国際フレームワーク」（International Professional Practices Framework）が，デファクトスタンダードとしての地位を確立している。本節においては，専門職的実施の国際フレームワークを概説し内部監査のデファクトスタンダードとしての有効性について解説する。

専門職的実施の国際フレームワークの概要

「専門職的実施の国際フレームワーク」の構成は**図表 I-1**に示すとおりであり，内部監査の定義（Definition），倫理綱要（Code of Ethics），内部監査の専門的実施の国際基準（Standards and Interpretation）の3つを内部監査人および内部監査部署に拘束的に適用すべきと位置づけ，ポジション・ペーパ（Position Papers），実践要綱（Practice Advisories），プラクティス・ガイド（Practice Guides）の3つの適用を強く推奨している。無論，内部監査自体は任意のものであり，法的に強制されないが，デファクトスタンダードである「専門職的実施の国際フレームワーク」に即した内部監査を実施していることを表明するためには，このフレームワークは「守らなければならない」規定ということである。

図表 I-1 「専門職的実施の国際フレームワーク (IPPF)」テーブル

「専門職的実施の国際フレームワーク」(IPPF) ガイダンスの要素	拘束的な性格を持つガイダンス (Mandatory)	強く推奨されるガイダンス (Strongly Recommended)
内部監査の定義 (Definition)	✓	
倫理綱要 (Code of Ethics)	✓	
基準と解釈指針 (Standards and Interpretations)	✓	
ポジション・ペーパ (Position Papers)		✓
実践要綱 (Practice Advisories)		✓
プラクティス・ガイド (Practice Guides)		✓

出所：(社)日本内部監査協会訳 (2011)。

(1) 内部監査の定義 (Definition：The Definition of Internal Auditing)

『専門職的実施の国際フレームワーク』(日本内部監査協会, 2011) において，「内部監査は，組織体の運営に関し価値を付加し，また改善するために行われる，独立にして，客観的なアシュアランスおよびコンサルティング活動である。内部監査は，組織体の目標の達成に役立つことにある。このためにリスク・マネジメント，コントロールおよびガバナンスの各プロセスの有効性の評価，改善を，内部監査の専門職として規律ある姿勢で体系的な手法をもって行う。」と定義されている。

内部監査を実施するための必要条件として，監査対象から組織的に独立し，客観的な監査結果を報告することは非常に重要である。内部監査には，体系だった規律のあるアプローチが必要であり，内部監査規程を整備し，リスクアプローチに基づく監査計画を立案し，規程・計画に沿って監査業務に臨まなければならない。内部監査は，規程や法令などで定められたあるべき姿に対して現状がどうであるかを評価する保証活動と経営改善のためのコンサルティング活動をその主な業務とする。リスクマネジメント，コントロール，ガバナンスの各プロセスといった経営全般の評価と改善がその業務目的であり，組織体のなかできわめて重要な役割を担うことが求められている。

❷ IIA専門職的実施の国際フレームワーク

　リスクマネジメント，コントロール，ガバナンスの各プロセスを経営全般と上述したが，**図表Ⅰ-2**に示すとおり，ガバナンスを担う最高機関である取締役会がステークホルダーの期待を認識し，組織体の目標・方針を定めリスク選好の度合いを決定する。それに基づき経営陣がリスクマネジメントを展開し，リスク低減のためのコントロールを組織全体に敷衍していくことは，まさに経営全般を指していると考える。人体でいえば，神経系統全体を脳，脊髄，末梢神経に分類しているようなものである。脳，脊髄，末梢神経のそれぞれ機能の性質，重要性が異なるようにガバナンス，リスクマネジメント，コントロールの機能にも異なる役割と軽重がある。内部監査部門はガバナンス，リスクマネジメント，コントロールの機能の性質と重要性を理解した上で，それぞれの機能をチェックする監査プログラムを策定しなければならない。

図表Ⅰ-2　ガバナンス・リスクマネジメント・コントロール

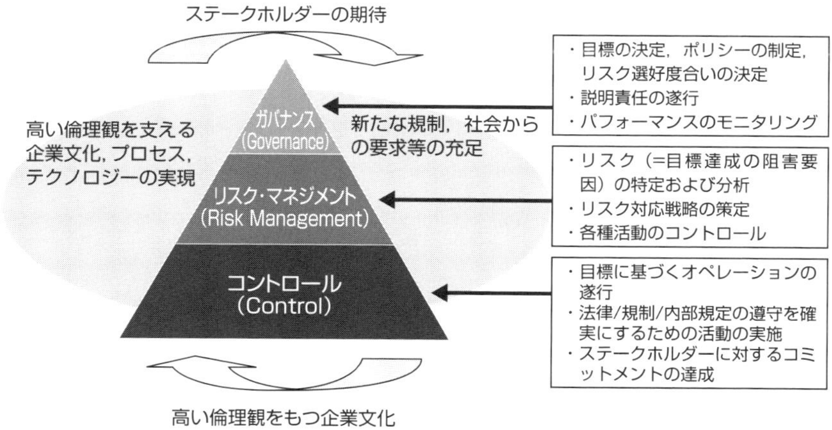

出所：PwC（プライスウォーターハウスクーパース）の資料をもとに作成。

(2) 倫理綱要 (The Code of Ethics)

　倫理綱要のポイントは誠実性，客観性，秘密の保持，専門的能力の4つである。誠実性とはまさに誠実に業務に臨むことであり，法令を遵守し業務に責任をもたなければならない。客観性とは，個人的な興味に左右されたり，利益相反行為になることがないよう高いレベルの客観性を維持することを求めたものである。秘密の維持とは業務の性質上，さまざまな情報に接することとなるが内部監査以外の目的でそれを利用することを禁じている。専門的能力とは，内部監査を実施するうえで必要な知識，スキル，経験を常に研鑽し，その向上に努めなければならないことを指し，不十分な場合にはその内部監査業務に参加してはならないとしている。

　㈳日本内部監査協会発行の『専門職的実施の国際フレームワーク』(2011)から「倫理綱要」の翻訳文（巻末資料に掲載）を参照されたい。

(3) 内部監査の専門職的実施の国際基準 (Standards and Interpretations)/実践要綱 (Practice Advisories)

　内部監査の専門職的実施の国際基準は，正式には，The IIA's International Standards for the Professional Practice of Internal Auditing（以下"国際基準"）であり，『専門職的実施の国際フレームワーク』の中核をなしている。その構成は，基準 No.1000番台の人的基準と2000番台の実施基準の2つからなる。

　また，実践要綱 (Practice Advisories) は，内部監査の定義，倫理要綱，国際基準を実践するための手法とアプローチを提供している。

　以下『専門職的実施の国際フレームワーク』より，国際基準の主な人的基準および実施基準を実践要綱の内容を加味しながら抜粋して概説する。

IIA専門職的実施の国際フレームワーク

① 人的基準1100-独立性と客観性

内部監査業務を実施するうえで，内部監査部門は独立性を維持していなければならず，内部監査人は客観的でなければならない。

内部監査部門が組織的に被監査部門からの独立性を維持し，内部監査人自体および内部監査機能のアウトプットが客観性を維持することは，国際基準のなかでも，最も準拠性を要請される基準の1つである。

図表Ⅰ-3　人的基準1100-独立性と客観性

独立性	・取締役会・監査役会等へ直接報告できること、経営最高責任者に直属すること ・干渉を受けることなく監査を実施できる環境
客観性	・公正不偏の態度を保持 ・利害関係を有さない

> 過去1年以内に責任を有した業務の保証業務を実施することは客観性を損なうとみなす。

出所：㈳日本内部監査協会訳（2011）をもとに作成。

② 人的基準1210-熟達した専門的能力

現代の内部監査にはさまざまな分野の高度な専門的能力が要求される。しかしながら，内部監査人個人個人がすべての能力を具備するのではなく，組織としてあるいは外部のリソースも含めた内部監査活動単位で必要な専門的能力を保持しなければならないとしている。

組織体の目的，活動が広範囲化，高度化するにともなって，内部監査に必要な専門的能力も同様に広範囲化，高度化することになる。上述のとおり，内部監査人個人ですべての専門的能力を具備するのは難しいが，一時的な応

図表 I-4　人的基準1210-熟達した専門的能力

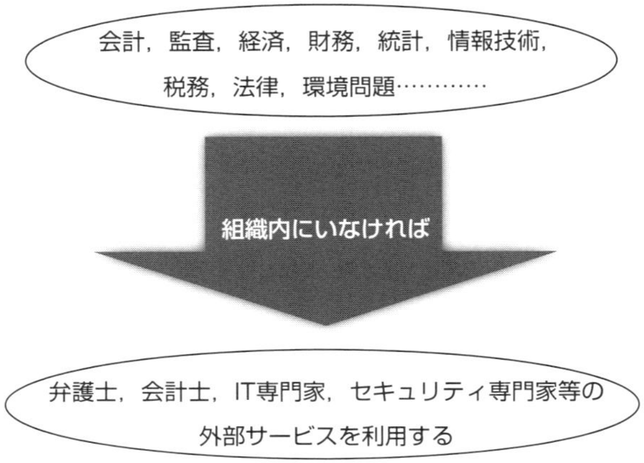

会計，監査，経済，財務，統計，情報技術，税務，法律，環境問題…………

↓ 組織内にいなければ

弁護士，会計士，IT専門家，セキュリティ専門家等の外部サービスを利用する

出所：㈳日本内部監査協会訳（2011）をもとに作成。

援で他部門から内部監査チームに参加してもらったり，あるいは人事ローテーションプログラムのなかで，内部監査部門の不足リソースを中長期的に補うなどの組織としての対応も種々検討すべきである。

③　人的基準1220-専門職としての正当な注意

内部監査人は専門職としての正当な注意をもって内部監査業務に臨むことが求められている。しかしながら，それは誤謬がまったくない完全性を要求するものではないので，内部監査の結果も絶対的な保証を与えることはできず，合理的な保証に留まることに留意する。

「合理的」という抽象的表現をどのように実務的に実現していくかが問題である。国際基準に則して考えれば，内部監査部門の組織，機能が国際基準そのものに準拠していること，さらにそれを「人的基準1300-品質のアシュアランスと改善のプログラム」で重要な不備がないと評価されることが「合理的」であることの1つの表明になり得る。

IIA専門職的実施の国際フレームワーク

図表 I-5　人的基準1220-専門職としての正当な注意

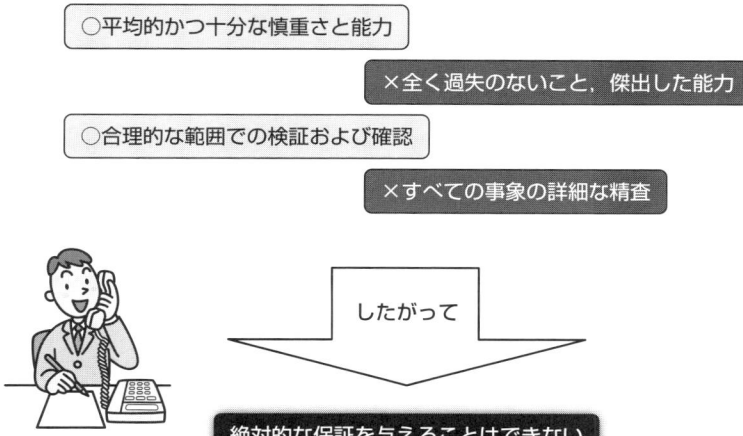

出所：㈳日本内部監査協会訳（2011）をもとに作成。

④　人的基準1300-品質のアシュアランスと改善のプログラム

　監査部門長は，内部監査の全活動を網羅した品質のアシュアランスと改善のプログラムを策定しなければならない。品質のアシュアランスと改善のプログラムを策定するためには，内部評価と外部評価が求められ，内部監査活動の整備・運用状況を把握することが必要となる。

　組織体のモニタリングを担う内部監査部門・機能について，誰がどのようにモニタリングを行うかというのは，ガバナンス上あるいは組織論上，きわめて根源的な問題である。内部監査人自身が高い倫理性と専門性を維持していると表明したとしても，内部監査人も不完全な自然人の1人であることを考えると，やはり外部評価も含めた品質評価が必要であろう。

第Ⅰ部　内部監査とは

図表Ⅰ-6　人的基準1311-内部評価

いつ	誰が	何を
継続的に	内部監査部門	個々の監査業務 予算・時間管理 KPIの分析など
定期的に	内部監査部員or 他部門の 監査専門家	内部監査の定義, 倫理綱要, 国際基準への適合性

出所：㈳日本内部監査協会訳（2011）をもとに作成。

図表Ⅰ-7　人的基準 1312-外部評価

いつ	誰が
5年に1度以上	適格にしてかつ独立したレビュー実施者 またはレビューチーム

何を

① 内部監査の全領域に関し，内部監査基本規程，内部監査の定義，倫理綱要，国際基準への適合性など
② 上記につき内部監査部門が行った自己評価
結果⇒この評価方法をSAIV (Self-assessment With Independent Validation)と呼ぶ

出所：㈳日本内部監査協会訳（2011）をもとに作成。

❷ IIA専門職的実施の国際フレームワーク

図表Ⅰ-8 監査プロセスと実施基準

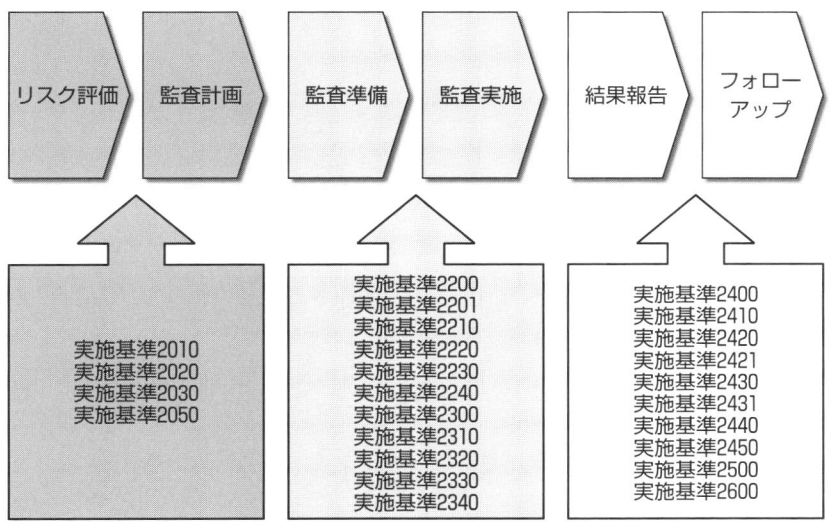

出所：㈳日本内部監査協会訳（2011）をもとに作成。

　国際基準2000番台の実施基準は，「第Ⅱ部　内部監査の実務」で詳述する各監査プロセスについて規定している。監査プロセスと基準の関連は**図表Ⅰ-8**のとおりである。

⑤　実施基準2010-（内部監査部門の）計画の策定
　内部監査部門長は，リスクベースの監査計画を立案しなければならない。リスク評価を少なくとも年1回実施し，リスクの高い領域を優先し，組織体の目標に調和した監査活動を決定しなければならない。
　内部監査部門も被監査部門も，保有するリソースは限定されており，無限ではない。内部監査機能を有効かつ効率化するためには，リスクに応じた監査資源の配分が必要である。リスク評価の結果によっては，内部監査の対象とすることが難しいテーマや部門が認識されることがある。こうした場合，

第Ⅰ部　内部監査とは

図表Ⅰ-9　リスク評価と内部監査計画

出所：㈳日本内部監査協会訳（2011）をもとに作成。

それを如何に監査計画に落とし込むかが課題となるが，これを可能にする知識・経験が内部監査部門長には求められている。

⑥　実施基準2200-内部監査の個々の業務に対する計画の策定

内部監査人は，個々の内部監査業務について，目標，範囲，実施時期と資源の配分を含む計画を立案し，記録しなければならない。

⑦　実施基準2230-内部監査の個々の業務への資源配分

内部監査人は，個別内部監査業務の内容，複雑さ，時間的制約を考慮して，業務目標を達成することができる十分なリソースを確保しなければならない。外部リソースが必要な場合にはその確保の可否についても検討しなければならない。

❷ IIA専門職的実施の国際フレームワーク

図表Ⅰ-10　実施基準2230-業務資源の配分

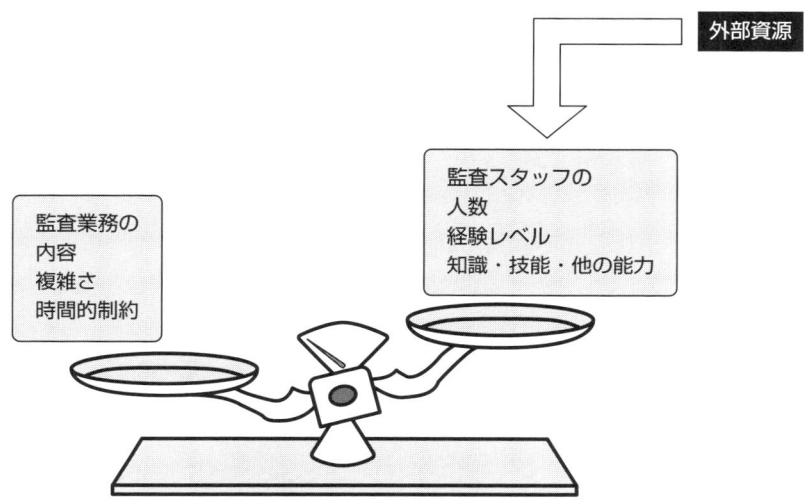

出所：㈳日本内部監査協会訳（2011）をもとに作成。

⑧　実施基準2330-情報の文書化

　内部監査人は，監査の結論と業務結果の裏づけとなる関連情報を監査調書として記録しなければならない。

　監査調書は，監査計画，実施した監査手続，入手した監査証拠，ならびに到達した結論の主要な記録であり，内部監査人がどのように監査の結論に到達したかを把握できるように記載しなければならない。

図表Ⅰ-11　実施基準-2330情報の文書化

監査調書とは 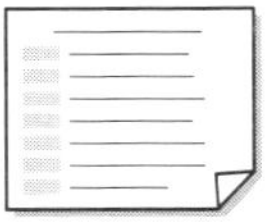
- 個々の業務の計画，実施およびレビューに役立つ
- 個々の業務の結果の主な裏付けとなる
- 個々の業務の目標が達成されたか否かを文書化する
- 実施された業務の正確性および完全性を裏付ける
- 内部監査部門の品質のアシュアランスと改善のプログラムの基礎を提供する
- 第三者によるレビューを容易にする

出所：㈳日本内部監査協会訳（2011）をもとに作成。

⑨　実施基準2410-伝達の基準

内部監査人は，内部監査の個々の業務の結果を内部監査報告書にまとめ，伝達しなければならない。監査報告には，少なくとも監査業務の目的，範囲および結果を含めなければならない。

監査報告は，内部監査業務のアウトプットとして最も重要なものである。

図表Ⅰ-12　実施基準2410-伝達の基準

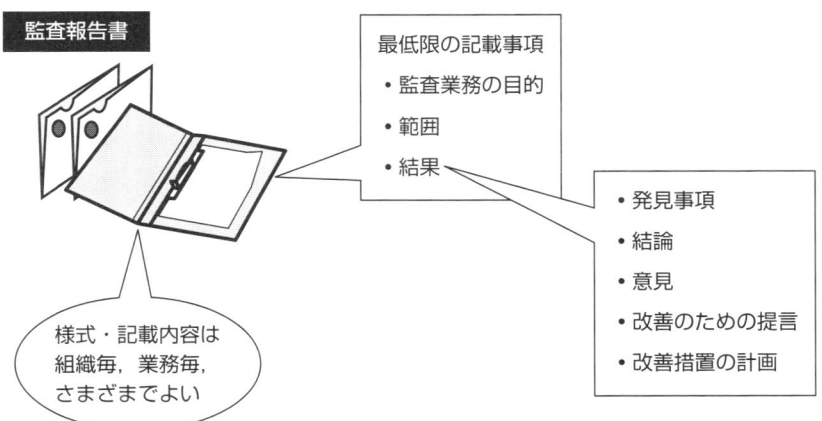

出所：㈳日本内部監査協会訳（2011）をもとに作成。

⑩に記載の「実施基準2420-伝達の品質」とあわせ，いかに読み手が理解しやすく，かつ必要な項目を織り込むかが問われる。基準では，様式や記載内容は組織ごと，業務ごとにさまざまでよいと記述されているが，各組織体の内部監査部門ごとに，標準の様式を整備すべきである。試行錯誤のうえ，標準様式の適宜見直しを行っていく。

⑩　実施基準2420-伝達の品質
　監査報告は，正確，客観的，明確，簡潔，建設的，完全，適時なものでなければならない。

図表Ⅰ-13　実施基準-2420 伝達の品質

出所：㈳日本内部監査協会訳（2011）をもとに作成。

⑪　実施基準2500-進捗状況のモニタリング
　内部監査部門長は，経営層に報告した監査結果の顛末に関するモニタリング手続を整備，維持しなければならない。

第Ⅰ部　内部監査とは

図表Ⅰ-14　実施基準2500-進捗状況のモニタリング

> モニタリングの手続き
> - 発見事項と改善のための提言に対する経営管理者の回答に実施期限を含めるように要求すること
> - 経営管理者の回答の評価
> - その回答の検証（必要な場合）
> - フォローアップ監査の実施（適切な場合）
> - リスクの想定を含む不十分な回答・改善措置またはそのいずれかを，適切なレベルの最高経営者または取締役会に上げる伝達プロセス

出所：㈳日本内部監査協会訳（2011）をもとに作成。

　フォローアップの制度が曖昧であると，指摘事項に対する被監査部門の是正意欲が減退し，結局は不備が放置されてしまうことになる。是正を行う最終的責任は被監査部門にあるが，フォローアップにより，是正を促す内部監査部門の責任も重い。

(4)　ポジション・ペーパ/プラクティス・ガイド（Position Papers / Practice Guides）

　ポジション・ペーパは，ガバナンス，リスク，コントロールに関する問題点とそれに関する内部監査の役割と責任についてIIAの考え方を表明したものである。2011年3月時点でERM（Enterprise-wide Risk Management）と内部監査活動の要員確保に関する2本のポジション・ペーパがIIAのホームページに掲載されている。

　プラクティス・ガイドは，主に内部監査に関するツール，監査技術，監査プログラム，アプローチ手法などの成果物例をあげながら，監査手続のガイダンスを提供するものである。
　2011年3月現在，IIAが公開しているPractice Guidesは以下のとおりであ

IIA専門職的実施の国際フレームワーク

り，公開時点のホットトピックスを取り上げた内容となっている。昨今の内部監査のニーズに基づき，ITに関するPractice Guidesの公開が多くなっている。

- Assessing the Adequacy of Risk Management Dec. 2010
- Measuring Internal Audit Effectiveness and Efficiency Dec. 2010
- CAEs - Appointment, Performance Evaluation and Termination May 2010
- Auditing Executive Compensation and Benefits April 2010
- Evaluating Corporate Social Responsibility/Sustainable Development Feb. 2010
- Formulating and Expressing Internal Audit Opinions April 2009
- Auditing External Business Relationships May 2009
- Internal Auditing and Fraud Dec. 2009
- GTAG-15 Information Security Governance June 2010
- GTAG-14 Auditing User-developed Applications June 2010
- GTAG-13 Fraud Prevention and Detection in an Automated World Dec. 2009
- GTAG-12 Auditing IT Projects Mar. 2009
- GTAG-11 Developing the IT Audit Plan Jan. 2009
- GTAG-10 Business Continuity Management Jan. 2009
- GTAG-9 Identity and Access Management Jan. 2009
- GTAG-8 Auditing Application Controls Jan. 2009
- GTAG-7 Information Technology Outsourcing Jan. 2009
- GTAG-6 Managing and Auditing IT Vulnerabilities Jan. 2009
- GTAG-5 Managing and Auditing Privacy Risks Jan. 2009
- GTAG-4 Management of IT Auditing Jan. 2009
- PG GTAG-3 Continuous Auditing: Implications for Assurance,

21

Monitoring, and Risk Assessment Jan. 2009（日本語訳「連続的監査」㈳日本内部監査協会HP 会員ページ）
- GTAG-2 Change and Patch Management Controls: Critical for Organizational Success Jan. 2009（日本語訳「組織の成功に不可欠な変更・パッチ管理のコントロール」㈳日本内部監査協会HP 会員ページ）
- GTAG-1 Information Technology Controls Jan. 2009
- GAIT The GAIT Methodology Jan. 2009
- GAIT GAIT for IT General Control Deficiency Assessment Jan. 2009
- GAIT GAIT for Business and IT Risk Jan. 2009

第Ⅱ部

内部監査の実務

1 内部監査の機能・体制構築

1. ステークホルダーのニーズ

　内部監査のステークホルダーのニーズや要請を確認し，これに基づく監査業務を計画・実行することが重要である。内部監査のステークホルダーは，一般にCEO，COO，CFO等の経営陣，取締役会や監査役会等であり，内部監査部門の運営においては，これらステークホルダーと良好なコミュニケーションを維持し，内部監査業務の有効性を維持・向上させなければならない。

(1) 経営陣とのコミュニケーション

　多くの日本企業において内部監査部門は，CEO直属のモニタリング機関として位置づけられている。経営陣とのコミュニケーションは，以下に示すような内容を議論・合意・実行していく過程が含まれ，これらの過程をつうじて経営陣の方針やニーズを内部監査部門が理解し，その業務に反映することになる。

- 年次で実施する内部監査のリスク評価と監査計画についての最高経営者のレビューおよび承認
- 監査計画の立案から実施の期間に経営陣と継続的なコミュニケーションを行い，最終報告書および定期的な進捗状況の報告において，重大リスクに関する監査対応，監査結果を伝達すること
- 監査計画策定段階において，組織全体の監査業務の効率性のために，その他の保証提供部門の監査業務との統合・整合性の確保について議論，

合意すること
- ステークホルダーのニーズと期待に整合するため，内部監査の基本規程を制定，改定すること
- 内部監査の品質保証結果を報告し，改善案について合意すること　など

(2) 取締役会や監査役会とのコミュニケーション

　取締役会および監査役会は，企業のトップレベルのガバナンス機能を担う役割と責任を負っている。取締役会は，企業のさまざまなステークホルダーの期待に対応して，企業のビジネス目標を定め，その達成を阻害するリスクのマネジメントについても責任をもつ。監査役はその取締役の業務を監査する。

　内部監査部門は，取締役会および監査役会とのコミュニケーションをつうじて，たとえば，下記の事項について取締役会および監査役会がどのような方針をもっているか理解し，執行部門がその方針に基づき業務を執行しているか否かをモニタリングする監査計画を立案しなければならない。

- 業務の有効性，効率性を阻害するリスクの把握とコントロールについて
- 財務諸表の信頼性について
- 法規制の遵守および倫理的問題を含めた組織風土について
- 組織体の資産・資源の保全について　など

　また，多くの日本企業においてCEO直属のモニタリング機関として位置づけられている内部監査部門は，取締役会および監査役会の視点に立てば，執行部門の一機関であり，取締役会の監督，監査役会の監査対象でもある。内部監査部門は，取締役会および監査役会に対し，下記の事項について報告することもあり得る。

- 内部監査の予算，リスク評価，業績評価指標

- 内部監査の進捗報告および過去に識別した問題に対して経営陣がとった改善措置
- 監査範囲において不適切な影響力がないか，内部監査の独立性について
- 内部監査の品質保証結果　など

2. 内部監査部門の独立性・客観性

　独立性とは，組織的にどのように位置づけるかという組織論の問題であり，客観性とは，その結果どういう状態を維持することになるか，または維持しなければならないかという問題と考える。有効な内部監査機能を維持するためには不可欠な要件である。

　たとえば，内部監査部門が総務部門を総括する担当役員直属の組織であった場合，総務部門を対象とした内部監査が有効に機能するであろうか。内部監査部門長は自らの人事評価権限をもつ担当役員に総務部門の不備，すなわち当該担当役員の監督上の不備を躊躇なく報告できるか。社内で表沙汰になっては困る問題を総務部門に抱える担当役員は内部監査計画立案時に総務部門を監査対象から外すあるいは監査期間をきわめて短くしようとは考えないか。総務部門の監査が実施されても，前述のようなリスクをともなった監査報告が客観性を維持できていると明言できるか。

　したがって，内部監査部門は被監査対象から組織的に独立させる必要があり，その結果，監査結果に何らかのバイアスがかかることなく客観性を維持できる状態を保つことが必要である。

　日本の企業では，内部監査部門はCEO直属の組織という位置づけが一般的である。この場合，内部監査部門はCEOという執行機関トップからは独立していないが，監査の対象となるその他すべての執行部門から独立していることになる。米国などでは，取締役会の監査委員会に直属する場合がある。この場合，内部監査部門はCEOを含めた執行部門から独立していることとなる。この違いはまさに内部統制をどの視点でモニタリングするかという組

織体のガバナンスの方針に基づくものである。すなわち，取締役会の視点に立てばCEOの業務執行もモニタリングの対象であり，CEOの視点に立てば，CEOとしてその配下の部門の業務執行がモニタリングの対象である。そのモニタリング結果を取締役会へ報告することにより，自らのアカウンタビリティを維持できる。

COSOの内部統制の限界についての説明に，経営者の内部統制の無視が明記されており，米国の一部企業にみられる取締役会（監査委員会）直属の方がモニタリングの機能としてより有効であるともいえるが，取締役会の責任と機能について考慮すれば，CEO直属の組織が多い理由も頷ける。

内部監査は，経営全般を対象とするものであるから，経営戦略に関する事項から，組織体最前線の日常的コントロールまでがその対象となり得る。日常的コントロールの1つひとつの不備が組織体全体に与える影響は小さいかもしれないが，放置されれば，組織体全体に不備が蔓延し，ついには組織体にとって致命的な欠陥になるかもしれない。これを防ぐために，内部監査では軽微な不備が軽微である内に然るべき管理者に不備を伝え，その改善を促す必要がある。取締役会がこれら軽微な不備について報告を受け，その改善の進捗を監督するのは，取締役会が本来優先度をもつ，より重要で戦略的な意思決定とは明らかに次元が異なる。

したがって，CEO直属の内部監査部門が日常的コントロールも含めた内部監査を実施し，その結果，検出された不備をCEO配下の執行部門に改善させ，内部統制を有効にしていく。取締役会はCEOの内部監査の運営状況を監督しながら，CEOに「内部統制の無視」がないか監視することで取締役会の視点でのモニタリングを確保できる。

組織的に独立性が維持される状態となれば，内部監査活動は少なくとも外見上，客観性を維持できることになる。すなわち，内部監査部門が行う内部監査活動は監査対象の執行部門から独立した第三者が評価していることは組織図をみることで明白であり，内部監査人が前述したようなバイアスの影響を受ける可能性も小さくなる。しかしながら，客観性を維持していることを

より強く担保するためには、監査業務に関与する内部監査人各人の姿勢が問われる。

　内部監査人は、被監査部門から独立した組織に所属しているとはいっても、外部リソース以外はその組織体の被雇用者、従業員であることには変わりがない。組織体の一員であれば、組織戦略のあり方、人事制度や処遇に意見や不満をもち、組織内での人間関係に悩んでいることもあるだろう。内部監査人がそうした個人的な興味や欲求に基づいて、あるいは不満を解消するために内部監査業務を利用すれば客観性は毀損してしまう。たとえば、「A事業は将来の採算性もまったくないがB本部長が始めた事業であるから継続しているに過ぎない。内部監査で指摘して改めさせよう」とか、「同業他社に比べて自分達課長クラスの給与水準はどうも低そうだ。人材の外部流出のリスクを指摘して給与テーブルを改めさせよう」とか、「次の監査対象部門のC部長は自分が新入社員の頃、大変お世話になったし、内部監査部門の後はC部長の下で働きたいと思っている。不備の指摘よりもいかに内部統制が優れているかを報告しよう」などと、内部監査を個人的な興味や欲求の実現の場にしてはならない。

　内部監査には、内部監査人の経験や勘に基づく仮定のリスクとその検証といった要素が重要である場合がある。したがって、組織の一員として通常感じているリスクを、内部監査にまったく持ち込んではいけないということではない。しかしながら、それらのリスクは、内部監査部門の組織決定として共有されることが必要である。共有され得るリスクであれば、それらに客観性がある証左である。監査計画を立てる段階、リスクを評価する時点、監査の実施時、報告書の作成時など内部監査活動のどのフェーズにおいても、自分が考えるリスクを率直に上司や同僚と議論すべきである。一方、部門内で共有することができない、個人的な興味や欲求に留まるものは内部監査活動に持ち込んではならない。IIAの倫理綱領等を内部監査人が自ら学び実践するとともに、内部監査部門長は、内部監査部門の構成員にそれを周知・徹底させる重要な責任を負っている。

図表Ⅱ-1　内部監査人の客観性

- 個人的興味
- 組織として共有できなければ排除
- リスク認識
- 個人的欲求
- 組織として共有できればOK
- 仮定のリスク

出所：筆者作成。

3. 内部監査部門の権限と責務

　内部監査を実施するためには，内部監査部門に職務遂行のための権限が付与され，権限を適切に行使するための責務が求められる。

　内部監査部門の権限とは，概していえば監査対象へのアクセス権限のことである。すなわち内部監査人は，被監査部門の部門長，所属員にインタビューを行い，関連資料の提出を要求し，閲覧・査閲することができなければならない。監査とは被監査部門の協力なしには通常成立しない。内部監査人は必要と判断したインタビューや資料の提出が拒否された場合には，それが監査手続全体に及ぼす影響を検討し，監査意見を表明しないこともあり得る。また，被監査部門が要請された所属員ではなく，多忙を理由に同職階の別の所属員を代替のインタビュー対象者としたり，要請された資料ではなく，同様式の別日付の資料や別カスタマーの資料を代替資料として提出してきた場合には，健全な懐疑心をもって対応することが必要である。

❶ 内部監査の機能・体制構築

　内部監査の発見事項のほとんどは，被監査部門自身がすでに不備として認識している場合が多い。ただ，業務の優先度，業務効率の追求，改善コストの回避などの理由により，悪意なく放置されている。とくに多忙を極める部門にあっては，内部監査の指摘事項への改善がさらなる業務負担となることをおそれ，問題のない業務担当者のインタビュー対応や不備のない資料の提出にて監査を無難にやり過ごそうという意図が働くことがある。内部監査部門が，正当な理由なく監査対象へのアクセスが制限されることがないよう内部監査部門の権限は被監査部門にも確実に周知されなければならない。

　また，監査業務によっては，被監査部門のみならず関連する他の部門から，監査証跡を入手する必要が生じる場合がある。この場合でも内部監査人が他部門担当者にインタビューを実施し，書類の閲覧・査閲が可能となるよう内部監査部門の権限は組織体全体に漏れなく周知されていなければならない。周知の手段は一般に内部監査規程をもって行われるが，とくに他部門の監査のために重要な情報を入手しなければならない場合など，監査部門長から書面により監査協力を要請することも必要である。

　上述したとおり，内部監査部門の権限は，組織体のなかにあって特殊であり，見方によっては巨大なものである。それ故，内部監査部門が負うべき責務も重大となる。主な責務は，概していえば合目的性と守秘義務に関するものである。

　合目的性とは，まず監査計画を立案する過程において，組織体の事業目的に合致した監査対象，リソースの配分を検討することから始まる。後述するリスク評価に基づき，リスク重要度が高い対象に優先してリソースを配分しなければならない。内部監査部門に付与された特別な権限もその行使先が不適切であってはまさに宝の持ち腐れである。十分なリスク評価を実施せず，過去の監査ローテーションから順番で監査対象を選定し，結果的にリスク重要度が低い部門を監査対象として監査計画に織り込むことは責務違反の謗りを免れない。また，個々の内部監査業務の実施にあたっては，その内部監査業務の目的に合致した監査プログラムを作成する必要がある。前項で記述し

たように特殊な権限を個人的な興味・欲求を満たすために行使してはならない。たとえば、監査業務の目的とは無関係な人事評価情報や個人情報の入手を試みることは論外だが、その情報を監査対象とすること自体は適切な場合であっても、サンプリングの際に、特定の個人の情報をサンプルとして閲覧するような行為もあってはならない。書類やデータのなかから閲覧の対象を選択する際には、なるべく統計的な手法を使うことによって、内部監査人の恣意性を排除することが望まれる。

内部監査部門の守秘義務については、組織体のさまざまな情報が監査対象になることから当然の責務であるが、内部監査規程に明記することは勿論、内部監査部門の所属員に守秘義務に関する宣誓書を提出させるなどその重大さを幾重にも認識させることが重要である。内部監査で対象とする情報には、事業戦略に関する情報、財務報告に関する情報、人事評価に関する情報や個人情報、製品仕様や品質に関する情報等社内でも部外秘扱いにしている情報が多数含まれる。

事業戦略に関する情報や財務報告に関する情報には、悪用すれば外部への売り込みやインサイダー取引に利用し得る重要情報が含まれる。懲罰履歴などの人事情報の漏洩は組織体内にハラスメントを招くかもしれない。製品仕様や品質に関する情報が同業他社へ漏洩することで営業に甚大な負の影響を及ぼすかもしれない。内部監査部門の守秘義務は社外・社内を問わず厳格に守られなければならず、監査で入手した情報は、規定された監査報告手続以外には原則、部外に伝達されることはない。

故意の情報漏洩については上述のとおりであるが、内部監査部門は監査に利用した情報の管理にも正当な注意を払う必要がある。監査証拠が組織体の誰もがアクセスできるような書庫に保管されていたり、不要となった書類を一般ゴミと同様に廃棄したりしていては、正当な注意を払っているとはいえない。その結果、情報が漏洩した場合には、故意ではなくとも内部監査部門の過失責任は免れない。

また、情報管理は紙媒体に限定されるものではなく、電子媒体による情報

も含まれる。内部監査部門が管轄するデータベースへのアクセス制限やパスワード管理等も組織体の情報管理規程に基づき，場合によってはそれ以上に厳格化して運用されることが必要である。

　守秘義務は，内部監査部門に所属する期間のみならず，人事異動等で他部門に異動したり，退職等で組織体を離れる場合でも継続すべき責務である。情報がすでに組織体内外ともに公知となった場合にはそのかぎりではないが，内部監査業務において知り得た情報は，内部監査報告手続以外には他言しないことが大原則である。「李下に冠を正さず」の故事成句のとおり，公知か否かはっきりしないとか，内部監査業務以外でも他部門の人間から聞いたことがあるような気がするとか，少しでも内部監査部門の守秘義務に反する可能性があると思われる場合には，たとえ杞憂や誤解であったとしても，守秘義務違反の指摘を受けるような言動は一切行わないことである。内部監査業務に関連する情報の守秘は，規程の整備や宣誓書の提出など内部監査部門がとり得る対応はとるとしても，最終的には内部監査部門に所属する・所属した内部監査人個人個人の強い倫理観と正当な注意に依拠するところが大きい。

図表Ⅱ-2　内部監査人の権限と責務

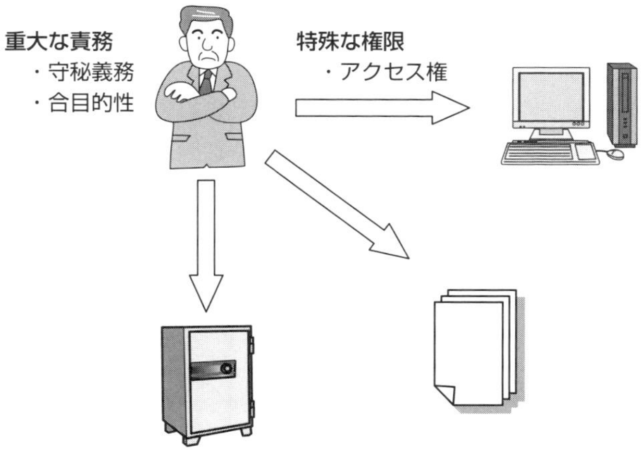

出所：筆者作成。

4. 内部監査部門の組織体制

　内部監査部門が組織体のどのガバナンス/経営執行機関に直属すべきかについては，内部監査活動のモニタリング機能をどの視点で捉えるかによって，異なることを「2．内部監査部門の独立性・客観性」で記述した。取締役会の視点で捉え，監査委員会に直属させる例もあれば，CEOの視点で捉え，CEOに直属させる例もある。いずれの場合でも，内部監査部門の所属先は，組織体のトップレベルの階層に位置づけられるガバナンス/経営執行機関であることが必要である。また，直属の機関ではないガバナンス/経営執行機関に対しても，監査結果の報告ラインをもつことが有用である。

　内部監査部門は，その他の部門と同様に部門長とその指揮下にある部員から構成される。内部監査部門長の役割と責任は，大別すると部門運営管理と業務品質の維持・向上にある。組織体のトップレベルのガバナンス/経営執行機関に直属するため，その職責は当然重い。部門運営管理では，内部監査規程の制定・更新や内部監査業務を遂行するための要員確保といった部門インフラの整備に始まり，監査計画の策定と計画に基づく監査業務の実行に統括的な責任を負う。また，業務品質の維持・向上については，必要な知識とスキルを部員に具備させるための教育機会の提供など中長期の展望に立った施策の実行から，個々の監査業務においては業務単位の品質管理に最終的な責任を負っている。監査調書が発見事項や結論を十分に裏づけているかどうかを判断し，監査報告書が，正確，客観的，明瞭，簡潔，建設的であり，かつ適時に発行されることをすべての監査業務で実現しなければならない。

　内部監査部門の陣容は，その組織体の規模に比例するのが通常だが，日本の上場企業では海外で事業を展開している企業でも10人前後の部員数である場合が多い。組織の資源配分方針により，十分な常勤者を保持することができない場合には，他部門の人員を臨時に監査チームに参加させ，リソースを補填する。たとえば，子会社のIT関連の監査項目対応に本社IT部門の社員

を利用する。無論，監査対象に対する独立性・客観性は維持しなければならないので，当該社員の過去・現在の業務内容を確認する必要がある。また，外部の内部監査専門家をコソーシング（Co-Sourcing），アウトソーシングといった形態で利用することもある。コソーシングとは，内部監査部門所属者と外部のリソースが協同で内部監査業務に従事するものであり，監査報告書の提出までを委託するアウトソーシングと自前の内部監査の中間的位置づけとなる。

　一方，世界的な巨大グローバル企業には，グループ全体で数百人の内部監査要員を抱える企業がある。これら企業の一部では，分担型の内部監査体制を敷いている。すなわち，地域統括会社などの主要子会社に設置された内部監査部門が，その孫会社の内部監査を担当する。分担型の内部監査体制における本社の内部監査部門には以下のような統括部門としての役割が想定される。

- グループ全体の内部監査方針・規程の策定・周知
- 子会社内部監査部門の内部監査計画の承認
- 内部監査計画に基づく監査業務実行状況のモニタリング
- 内部監査計画や監査報告書の様式の統一
- 電子監査調書など監査ツールの統一
- 有用な内部監査情報の共有　など

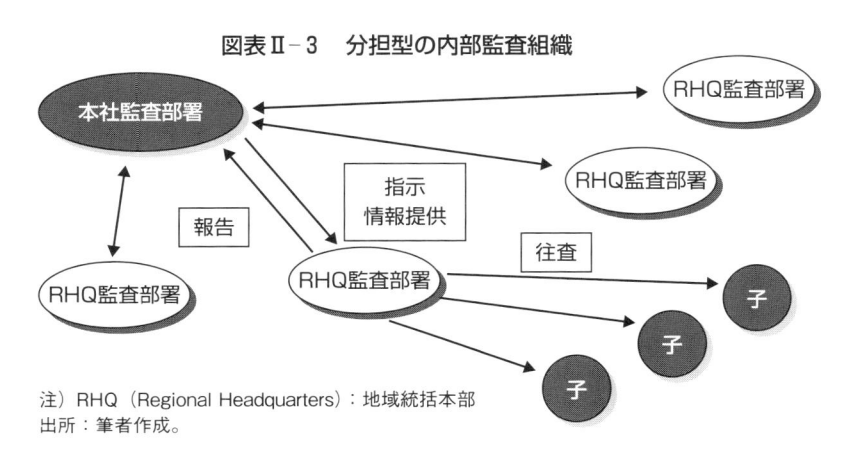

図表Ⅱ-3　分担型の内部監査組織

注）RHQ（Regional Headquarters）：地域統括本部
出所：筆者作成。

第Ⅱ部　内部監査の実務

　同じ巨大企業であっても，本社の内部監査部門がグループ全体の内部監査を担当する集中型の企業もある。当然のことながら，本社の内部監査部門の陣容は非常に大きくなり，出張旅費のコスト負担も大きい。しかしながら，内部監査人のスキル，知識の維持・向上や監査方針，監査手続の徹底などにより，内部監査業務に一貫性をもたせ，監査品質を維持・向上させることについてはメリットがある。相応のコストを負担しても，集中型の内部監査体制を選択する理由である。

　集中型であっても，本社内部監査部門の所属員を地域統括本部などの子会社に配置させることにより，地域事情の理解を深め，出張費を削減させるなど，監査の有効性・効率性の向上に取り組む組織もある。詳しくは，第4分冊『企業グループの内部監査』❸の「2．企業グループ内部監査体制の実例」（同書42～46ページ）を参照いただきたい。

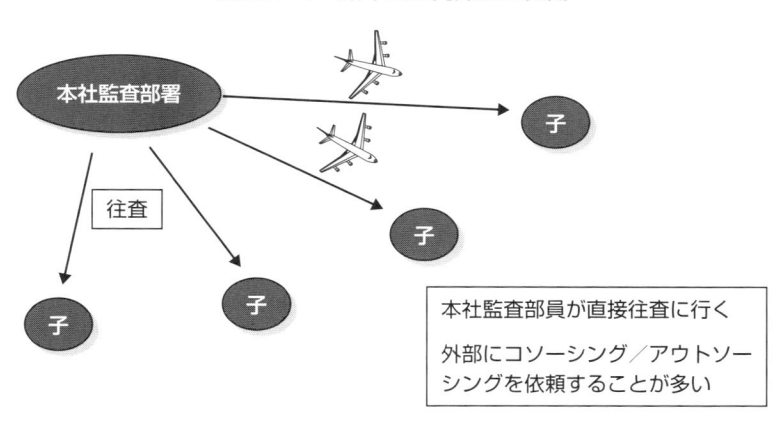

図表Ⅱ-4　集中型の内部監査組織

本社監査部署 → 子／子／子／子
往査

本社監査部員が直接往査に行く
外部にコソーシング／アウトソーシングを依頼することが多い

出所：筆者作成。

5. 内部監査規程

　内部監査規程は，内部監査部門の組織的位置づけとその機能についての拠り所であり，被監査部門は規程に基づき，内部監査部門の監査権限を受け入れることになる。内部監査部門にとって，最も重要な文書である。

　内部監査規程には，通常，下記の項目が含まれる。

- 監査目的
- 組織
- 権限
- 責務
- 連携
- 監査対象
- 監査計画
- 監査の実施
- 監査報告
- フォローアップ
- 書類保管
- 品質管理

　「監査目的」では内部監査の包括的な機能を規定する。内部統制のデファクトスタンダードであるCOSOの内部統制のフレームワークの3つの目的あるいはその後の金融庁「財務報告に係る内部統制の評価及び監査の基準並びに財務報告に係る内部統制の評価及び監査に関する実施基準の設定について」における内部統制の4つの目的などを念頭に条文を策定する。

監査目的の例

　内部監査は，当社及び関係会社の制度，組織，業務活動などの有効性及び効率性，コンプライアンスへの適合性などを検証し，改善のための提言又は是正のための勧告を行い，資産の保全，経営効率及び財務報告の信頼性の向上，組織価値の増大，健全かつ継続的発展の実現に貢献することを目的とする。

　「組織」では「2．内部監査部門の独立性・客観性」で前述した内部監査部門の独立性を明記する。

組織の例

　CEOは，執行部門の諸活動をモニタリングするため，直属の組織として内部監査部を設置する。
2　CEOは，内部監査部長を任命する。
3　内部監査部長は，監査対象の業務について十分かつ適切な経験を有しかつ監査対象の業務と特別な利害関係を有していない内部監査担当者を実施者として指名する。内部監査部長が必要と認めた場合は，あらかじめ指名された内部監査担当者以外の者で，前項の要件を満たす者に内部監査の実施を補助させることができる（以下「内部監査補助者」という）。

　上記例示の内部監査補助者とは，内部監査部門のリソースが不足する場合，他部門の人員を臨時に監査チームに参加させることを想定したものである。

　「権限」では，「3．内部監査部門の権限と責務」で前述したとおり，主に監査対象に対するアクセス権を規定する。監査対象は，被監査部署のみとは限らず，必要に応じて他部門の所属員や情報である場合もある。たとえば，総務部が所管する従業員の守秘義務宣誓書を管理するシステムが監査対象として選定された時，その運用規程に派遣従業員や退職者も含まれていれば，人事部から派遣従業員の名簿や一定期間の退職者リストの提出を依頼しなけ

❶ 内部監査の機能・体制構築

ればならない。

権限の例

　内部監査部長及び内部監査担当者並びに内部監査補助者は，必要に応じて関係書類を閲覧し，責任者等に対して説明を求めることができる。また，内部監査の対象となった部署の責任者等は，必要資料・監査調書等の準備，質問に対する応答等，内部監査が円滑に実施できるよう協力しなければならない。

　「責務」では，「2．内部監査部門の独立性・客観性」で前述した客観性を維持するための内部監査人の姿勢と「3．内部監査部門の権限と責務」で前述した内部監査業務の合目的性や内部監査人の守秘義務を規定する。

責務の例

① 内部監査部長及び内部監査担当者並びに内部監査補助者は，公正不偏の態度をもって，内部監査業務を遂行しなければならない。
② 内部監査部長及び内部監査担当者並びに内部監査補助者は，監査専門職としての正当な注意を払い，健全な懐疑心を保持して，内部監査業務を遂行しなければならない。
③ 内部監査部長及び内部監査担当者並びに内部監査補助者は，業務上知り得た情報を外部はもとより当法人の内部においてもこれを正当な理由なく他に漏らしてはならない。
④ 内部監査部長及び内部監査担当者並びに内部監査補助者は監査業務を通じて得た情報を内部監査以外の目的に利用してはならない。

　「連携」では，「1．ステークホルダーのニーズ　(2)取締役会や監査役会とのコミュニケーション」で前述したとおり，取締役会および監査役会がどのような方針をもっているかを理解したうえで，適切な監査計画を策定するため，また，取締役会の監督，監査役会の監査対象として必要事項を報告する

ために，取締役会，監査役会とのコミュニケーションを維持する必要がある。さらに外部監査人との協力により，内部監査人と外部監査人がリスク評価や監査結果を共有し，監査の有効性を高め，かつ効率的運営を図るために，被監査部門に過度の負担がかからないようお互いの監査スケジュールを調整することも必要である。

連携の例

　　内部監査部長は，取締役会，監査役会及び外部監査人との協力関係を保ち，内部監査の有効かつ効率的な実施に努めなければならない。

　「監査対象」では，組織上および機能上，内部監査の対象をどう設定するかを明記する。「4．内部監査部門の組織体制」において，集中型・分担型の組織体制について記述したが，監査の対象・範囲は企業グループのなかで，内部監査部門がどのような位置づけにあるかによって決定する。集中型の内部監査部門においては，自社は無論，関係会社を含めたグループ企業のすべてを対象とすることになる。一方，分担型の企業グループにおいては本社内部監査部門の対象範囲は，自社（本社）と本社が直接出資している地域統括本部等の主要子会社および関連会社となり，主要子会社内部監査部門の対象範囲は，その子会社が出資するグループ会社（本社の孫会社など）となる。ただし，事態によっては本社の内部監査部門が直接，孫会社の監査を実施する必要が生じる場合もあり得るので，必要に応じ，すべてのグループ会社を対象とできることを留保する規定とすべきである。

　機能上の監査対象については，「監査の目的」で包括的な対象をすでに規定しているので，より具体的な記述によって，どこに重点をおいて内部監査を実施するのかを明らかにする。

監査対象の例

　　内部監査の対象は当社及びグループ関係会社の制度，組織，執行業務全般であり，

次のものを含む。
　① リスク及び品質管理態勢
　② 管理本部が統括する一般管理業務
　③ 財務に関する事項
　④ 主要プロジェクトの管理態勢
　⑤ 前各号のほかCEOの特命事項

　「監査計画」では，計画案の作成責任者と承認者を明確にし，計画の期間とあらかじめ計画しておくべき項目を規定する。計画案の作成責任者は内部監査部門長であり，承認者は内部監査部門が所属するガバナンス／経営執行機関，多くの場合，CEOとなる。計画期間については，中長期（3〜5年）と短期（年度）の2期間を設定するべきであり，通常は組織体の中長期計画／年度予算管理プロセスにより策定される。計画する監査対象の選択には，後述するリスク評価結果を根拠とすべきである。また，個別の監査業務の目的，対象，日程，担当，手続き等の詳細事項を計画する監査実施計画については，個別監査業務前に監査部内で策定，周知する。

監査計画の例

　内部監査の監査計画は次のとおりとする。
　① 内部監査部長は，リスク評価に基づき中期監査計画及び年度監査計画を策定する。
　② 中期監査計画は，3年間をその対象期間とし，監査に関する〝基本方針及び重点目標〟をその主要な項目とする。重点目標は年度毎に優先度を定める。
　③ 年度監査計画にはその年度の監査重点目標，監査対象，以前の是正措置・改善計画の実施状況のフォローアップの実施時期等を含める。
　④ 中期監査計画及び年度監査計画はCEOの承認を受けなければならない。
　⑤ 監査実施計画は，内部監査担当者が策定し内部監査部長が承認する。

　「監査の実施」では，個別の内部監査業務について，監査準備，監査における必須実施項目を規定する。具体的な実施手続については，内部監査マニ

監査の実施の例

　　内部監査部長は，監査実施計画に基づく内部監査業務の実施を内部監査担当者に指示する。内部監査の実施にあたっては，内部監査マニュアル（巻末資料の例示参照）に定めた手続に従うこととする。

　「監査報告」では，監査結果について，誰に何を報告するかを明確に規定する。CEO直属の組織の場合，CEOへの報告は必須であるが組織体によっては，取締役会や監査役会へも同時に報告することもある。監査報告書の内容については，最低限必要な項目を規定する。それ以外の情報も必要に応じて追記することは可能だが，論点が不明瞭にならないよう記述方法についても規定しておいた方がよい。報告書の価値は，厚みではなく中身であり，多量の情報をただ羅列するのではなく，わかり易く，簡潔にまとめることに相応のスキルが必要である。

監査報告の例

　　内部監査の結果報告は次のとおりとする。
① 内部監査部長は，内部監査の実施後，遅滞なくその結果をとりまとめ，これを内部監査の対象部署の責任者に報告するとともに，対象部署の責任者から是正措置・改善計画の提出を遅滞なく受け，その内容が適切であることを確かめる。
② 内部監査の結果は，検出事項が以下のいずれに該当するかの評価を含む。
　１）組織的，反復的又はその他の重大な不備であり，迅速な是正措置を要する不備
　２）重大な不備とは認められないが，改善を要する不備
③ 内部監査部長は，内部監査の対象部署の責任者から受けた是正措置・改善計画を含め，監査報告書をCEOに遅滞なく提出する。
④ 監査報告書は，正確性，客観性を維持し，明瞭かつ建設的な記述でなければならない。また，以下の項目を含め，必要事項が網羅的に記載されなければならない。

1 内部監査の機能・体制構築

1）被監査部門
2）監査の時期
3）監査の目的
4）監査の対象
5）監査の手続
6）監査責任者および担当者
7）監査結果
　意見
　検出事項：重大な不備及びその他の不備

「フォローアップ」では，過去の検出事項について，その是正・改善がなされるまで，内部監査部門がフォローアップの責任を負っていることを規定する。内部監査部門が責任をもち，フォローアップを実施しないと，往々にして検出事項は放置され，次の内部監査で同じ不備が検出されることが繰り返される。

フォローアップの例

　内部監査部長は，是正措置・改善計画の実施状況についてフォローアップを実施しなければならない。フォローアップの方法，時期，頻度については検出事項の重要性に基づき，内部監査部長が決定する。フォローアップの方法は，書面による報告書の提出又はフォローアップ監査の実施のいずれかとする。フォローアップ監査を実施する場合には，第Ｘ条に定める年度監査計画にこれを含める。

「書類保管」では，各組織体の文書管理規程等に基づき，主に，文書保管の期間について規定する。将来，何らかの不正や不祥事が発生した場合に過去の内部監査の結果が問われることが想定される。それに対応するためにも，内部監査関連の書類は，組織体の最重要文書の扱いとすべきである。

書類保管の例

　内部監査の実施に当たっては，計画から結論に至るまでの過程を文書に記録し10年間保管する。また，10年を超えて保管する必要がある文書は，その旨を明らかにして必要な期間，保管する。

「品質保証」では，内部監査部門の組織，業務が内部監査規程や内部監査マニュアル等に規定したとおりであることを日常の業務活動をつうじて，常に自己検証するとともに，必要に応じて，外部の第三者による検証を受けることも規定する。

品質保証の例

　内部監査部長は，個々の内部監査業務の品質向上に努め，内部監査の全体的品質を保証できる体制を整備しなければならない。品質の保証については以下の検証を実施する。
　① 継続的内部評価：個別内部監査業務毎に当該個別業務に従事しなかった内部監査部員により，内部評価チェックリストに基づく検証を行い，内部監査部長に提出する。
　② 定期的内部評価：内部監査部長は，毎年，当該年度に実施した内部監査業務の自己評価を行いCEOに報告する。
　③ 外部評価：内部監査部長は，内部監査部から独立した評価人により，内部監査部の組織，業務全般について5年毎に検証を受けなければならない。評価人の選定についてはCEOが決定する。

内部監査規程の下位規程として，内部監査業務の一貫性を維持するために文書化しておくべき実務の詳細については，内部監査マニュアルなどで規定しておくことが望ましい。内部監査マニュアルの例を**巻末資料3**．（160〜168ページ）に記載したので参照されたい。

2 リスク評価と監査計画

1. リスクの概念

　企業がビジネスを展開する際には，自らのサステナビリティのため，および各々のステークホルダーの期待に応じるために適正な利益を確保しなければならない。適正な利益を確保するためには，さまざまなリスクへの対応が必要であり，通常，リスクフリーで利益が確保できることはない。企業が対応しなければならないリスクは，新しいテクノロジーの出現による自社製品・サービスの陳腐化，競合他社との値下げ競争，新規法制度への対応の必要性，グローバル化の進展等により，その質と重要度が刻々と変化していることを認識しなければならない。

　COSO-ERMにおいて，ERM自体を「事業体の取締役会，経営者，その他の組織体内のすべての者によって遂行され，事業体の戦略策定に適用され，事業体全体にわたって適用され，事業目的の達成に関する合理的な保証を与えるために事業体に影響を及ぼす発生可能な事象を識別し，事業体のリスク選好に応じてリスクの管理が実施できるように設計された1つのプロセスである」（八田監訳・中央青山監査法人（2006））と定義している。また，本書の8～9ページ「内部監査の定義（Definition：The Definition of Internal Auditing）」で前述したとおり，リスクマネジメント，コントロール，ガバナンスの各プロセスといった経営全般の評価と改善が内部監査の主要な業務目的である。したがって，ERMフレームワークに代表されるリスクマネジメントシステムが整備・運用されている組織体にあっては，組織体内のすべての者がリスクマネジメントの遂行者であり，内部監査部門はその整備・運

用の状況を評価し，改善の提案をすることになる。

また，内部監査部門は，その監査計画を策定する際や監査手続を決定する際に，リスクに基づくリソースの配分を考慮すべきである。内部監査部門にとって，リスクとは評価対象としてのリスクマネジメントの核心となる概念であり，同時に自らの業務内容を決定する主要因でもある。内部監査部門がリスクについての理解を深めることは必要不可欠である。

COSOは，リスクの概念を「目的達成を阻害する影響を及ぼす事象が生じる可能性である」（八田監訳・中央青山監査法人訳（2006））と定義している。この定義を，より実務に即して理解するためには，リスクが潜在／顕在する物理的／概念的場を想定することが有効である。下記の例では，経営外部環境リスク，経営プロセスリスク，経営意志決定情報リスクの3つの〝場〟を想定し，そこにどのようなリスクがあるかを洗い出す。

図表Ⅱ-5　リスクライブラリーの例

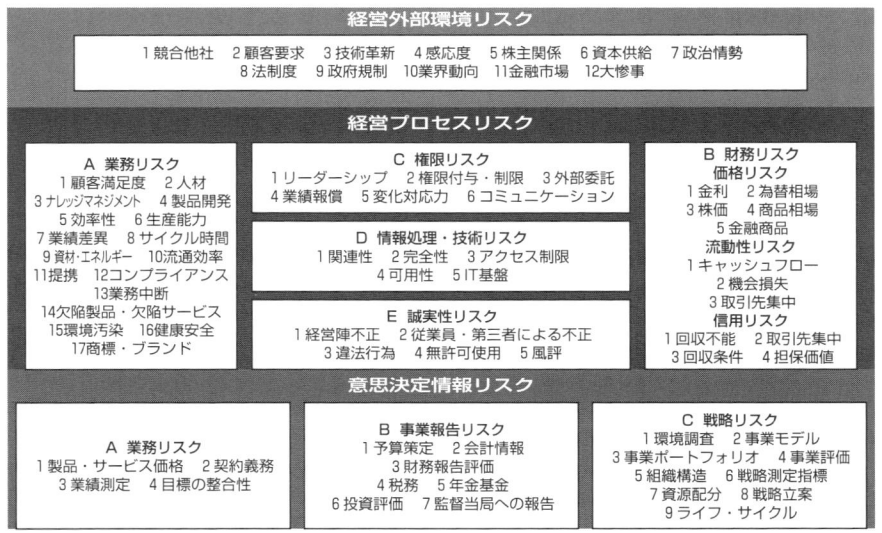

経営外部環境リスク
1 競合他社　2 顧客要求　3 技術革新　4 感応度　5 株主関係　6 資本供給　7 政治情勢
8 法制度　9 政府規制　10 業界動向　11 金融市場　12 大惨事

経営プロセスリスク

A 業務リスク
1 顧客満足度　2 人材
3 ナレッジマネジメント　4 製品開発
5 効率性　6 生産能力
7 業績差異　8 サイクル時間
9 資材・エネルギー　10 流通効率
11 提携　12 コンプライアンス
13 業務中断
14 欠陥製品・欠陥サービス
15 環境汚染　16 健康安全
17 商標・ブランド

C 権限リスク
1 リーダーシップ　2 権限付与・制限　3 外部委託
4 業績報償　5 変化対応力　6 コミュニケーション

D 情報処理・技術リスク
1 関連性　2 完全性　3 アクセス制限
4 可用性　5 IT基盤

E 誠実性リスク
1 経営陣不正　2 従業員・第三者による不正
3 違法行為　4 無許可使用　5 風評

B 財務リスク
価格リスク
1 金利　2 為替相場
3 株価　4 商品相場
5 金融商品
流動性リスク
1 キャッシュフロー
2 機会損失
3 取引先集中
信用リスク
1 回収不能　2 取引先集中
3 回収条件　4 担保価値

意思決定情報リスク

A 業務リスク
1 製品・サービス価格　2 契約義務
3 業績測定　4 目標の整合性

B 事業報告リスク
1 予算策定　2 会計情報
3 財務報告評価
4 税務　5 年金基金
6 投資評価　7 監督当局への報告

C 戦略リスク
1 環境調査　2 事業モデル
3 事業ポートフォリオ　4 事業評価
5 組織構造　6 戦略測定指標
7 資源配分　8 戦略立案
9 ライフ・サイクル

出所：PwCの資料をもとに作成。

❷ リスク評価と監査計画

(1) 経営外部環境リスク

競合他社	組織体の市場における優位性を毀損させるあるいは市場での生存を脅かす競合他社のアクションや新規参入者の登場
顧客要求	組織体が認識してない顧客ニーズ。納品の早期化や製品・サービス品質の向上など
技術革新	組織体がそのビジネスモデルにおいて注力していない技術で，競合他社がすでに優位性を保有している技術
感応度	金利や市場変動などの変化に対応するための組織のリソース配分
株主関係	組織体のビジネスモデルにおいて株主の信頼が毀損すること
資本供給	組織体のビジネスモデルを遂行・拡大するために必要な資本の供給が十分でないこと
政治情勢	組織体がすでに重大な投資を実施している国において組織体にとってネガティブな政治的アクションがとられること
法制度	組織体の重要な取引や契約条項を実行する能力を毀損する法制度の新設・改定
政府規制	業務を効率的に実施する能力や競合優位性を毀損する規制などの変更
業界動向	組織体が属する業界の機会と脅威，競合状況の変化など長期的な事業戦略に影響を与える事象
金融市場	組織体の資産，株価，資本コストなどに影響を与える金融市場の動向
大惨事	組織体の事業存続に重大な影響を与える大災害

(2) 経営プロセスリスク

A 業務リスク

顧客満足度	顧客ニーズとの乖離が生じること
人材	組織体の目標達成のために必要な知識，スキル，経験が不十分であること
ナレッジマネジメント	対応遅延，高コスト，ミスの繰り返し，成長阻害，構成員の低モチベーションなどを放置することになる学習制度の欠落
製品開発	長期的観点で顧客のニーズから乖離を生じさせる不十分な製品・サービス開発

効率性	競合他社や世界的規模の同業者と同等レベル以上で製品／サービスの提供ができないこと
生産能力	顧客ニーズを満たすことができない，競合可能な利益を創出できないことなど
業績差異	競合他社や世界的規模の同業者と比較して，組織体に対する需要を減退させるような品質，コスト，サイクルタイムなどのパフォーマンスギャップ
サイクル時間	製品／サービスの開発，生産，提供に関する不必要な行為
資材・エネルギー	競合可能な製品／サービスを提供するための資材・エネルギーの制約
流通効率	既存・潜在的顧客に有効・効率的にアクセスするための流通チャネルの不備
提携	提携先選定の誤り，提携先の低パフォーマンスなどジョイントベンチャー，出資などを含む連携が非有効・非効率になること
コンプライアンス	顧客の要請，社内規程，法規制などに準拠せず，低品質，高コスト，売上の喪失，不必要な遅延，罰金などを招くこと
業務中断	原料，IT，スキルをもつ作業者などあらゆるリソースの不足により業務が継続できなくなること
欠陥製品／サービス	顧客からの苦情，クレーム，返品，製造物責任の訴追，訴訟を招き，市場シェアや評判を低下させること
環境汚染	人体／自然環境に対して害悪を生じさせること
健康安全	組織体の構成員に健全な職場環境を提供できないこと
商標／ブランド	商標／ブランドの劣化により，将来のビジネス成長を阻害すること

B 財務リスク

［価格リスク］

金利	借入金利の増大，投資利益率の低下を招く，金利の大幅変動
為替相場	組織体に経済的，会計的損失を与える不安定な為替相場
株価	上場企業における時価総額の変動
商品相場	製品利益率の低下を招く不安定な商品相場
金融商品	保有する金融商品の複雑性や意図しない結果により，過剰な経営コストを負担するなど

❷ リスク評価と監査計画

[流動性リスク]

キャッシュ・フロー	想定した現金，キャッシュ・フローの不足による借入金の返済能力の減退，新たな借入を招くなど
機会損失	時間価値の損失を含む経済価値を毀損する資金使途
取引先集中	狭い市場のみを相手にビジネスを展開することにより，合理的な価格，合理的なタイムフレームでの取引ができなくなるなど

[信用リスク]

回収不能	顧客などの取引先が支払いの義務を履行できなくなるなど
取引先集中	狭い市場のみを相手にビジネスを展開することにより，組織およびそのグループが同じ信用問題の影響を同時に受けるなど
回収条件	資本市場での返済期限と取引先との回収条件が異なることで取引先回収不能時に短期的資金リスクが生じるなど
担保価値	提供された担保資産の価値の下落など

C 権限リスク

リーダーシップ	リーダーシップが有効でなく，方向性，顧客志向，モチベーション，マネジメントへの信頼が失われるなど
権限付与／制限	各権限者の権限内容が明確でないことにより，すべきでない行為が行われたり，すべき行為が行われないなど
外部委託	外部の第三者への委託業務が組織体の戦略・目的から乖離するなど
業績報償	非現実的，誤解を含む，主観的，実行不可であるような業績評価基準が組織構成員の行動を組織体の戦略・目的から乖離させるなど
変化対応力	市場の変化に対応して組織体のプロセス，製品／サービスを適時変更できないなど
コミュニケーション	コミュニケーションチャネルが有効でないことにより，職責／業績評価基準などに一貫性がなくなるなど

D 情報処理・技術リスク

関連性	無関係な情報がアプリケーションシステムによって生成，集計され，ユーザーの意思決定に負の影響を与えるなど
完全性	取引における承認の有無，網羅性，正確性などに関するすべてのリスクを低減できず情報が改ざん，毀損されるなど

アクセス制限	不十分なアクセス制限により，機密情報が漏洩したり，未承認の情報が混在したりする。また，過度なアクセス制限が業務の有効性と効率性を毀損するなど
可用性	必要なときに重要な情報が利用できず組織体の主要な業務・プロセスの継続ができなくなるなど
IT基盤	ハードウェア，ネットワーク，ソフトウェアなどのIT基盤が効率的な情報管理機能をサポートしていないなど

E　誠実性リスク

経営陣不正	外部のステークホルダーの意思決定に負の影響を与える粉飾決算その他の虚偽開示など
従業員・第三者による不正	従業員，顧客，サプライヤー，代理人などが自己の利益のために組織体に財務的な損失を与えるなど
違法行為	経営陣や従業員による違法行為により，組織体に罰金，制裁，顧客喪失などの損害を与えるなど
無許可使用	組織体の有形・無形資産の無許可使用により，不必要なリソースの減耗を招くなど
風評	風評により，顧客，利益，競合優位性などを喪失すること

(3) 意思決定情報リスク

A　業務リスク

製品・サービス価格	価格決定に必要で信頼できる情報が欠落することにより，顧客が望まない価格や含めるべき開発コスト，リスクコストが考慮されないなど
契約義務	契約締結に必要で信頼できる情報が欠落することにより，組織体に不要な契約義務を負わせるなど
業績測定	無関係な情報，信頼できない定性的な情報によって，誤った業績評価が行われるなど
目標の整合性	組織体全体または部門の戦略・目標と各プロセスの目標や業績評価が整合性を欠くために，組織内に利害衝突や不協和を生むなど

B 事業報告リスク

予算策定	非現実的で信頼性のない予算により，不適切な意思決定が行われるなど
会計情報	財務数値の達成を強調しすぎることにより，品質や効率性の目標を犠牲にした売上達成を目指すことなど
財務報告評価	組織体の内外部から関連性と信頼性のある情報収集ができず，外部のステークホルダーをミスリードする財務報告が開示されるなど
税務	税務に関する有用情報が収集できず，税法に準拠できないなど
年金基金	年金プラン，退職者医療制度などに関する不完全で不正確な情報により，組織構成員のモラル低下，訴訟，追加拠出などが生じること
投資評価	有用で信頼性のある情報が欠落することにより，投資の意思決定が貧弱になるなど
監督当局への報告	不完全，不正確，不適時な報告により，罰金，制裁などを招くなど

C 戦略リスク

環境調査	外部環境の適切なモニタリングが欠落することにより，事業戦略が陳腐化するなど
事業モデル	ビジネスモデルがすでに陳腐化している，かつそれに気付いていないなど
事業ポートフォリオ	戦略に基づくビジネス配分のバランスや優先すべき製品に関する有用で信頼性のある情報が欠落することにより，全体最適を逸するなど
事業評価	有用で信頼性のある事業評価情報が欠落することにより，ビジネスオーナーが組織の価値を適切に評価できないなど
組織構造	経営陣が組織構造の有効性を評価するために必要な情報を得られないことにより，長期的戦略の変更，達成を阻害するなど
戦略測定指標	関連性，信頼性のない業績評価指標により，事業戦略の具現化能力を損なうなど
資源配分	不適切な資源配分プロセスにより，競合優位性や株主利益を損なうなど
戦略立案	煩わしく非効率な戦略立案プロセスがビジネス戦略の実現を阻害する有用でない情報を提供するなど

ライフ・サイクル	製品ライフ・サイクルにかかわる業界内のイノベーションのモニタリングや生産ラインの変更を可能とする有用で信頼性のある情報が欠落することにより，競合優位性が毀損するなど

出所：PwCの資料をもとに作成。

2. リスク評価の手法

　前述したERMなどのリスクマネジメントシステムによる組織体全体が行うリスクの評価方法については，本内部監査実務シリーズの第2分冊『リスクマネジメントと内部監査』で詳述する。ここでは，内部監査部門が，その監査計画を策定する際や監査手続を決定する際に，どのようなリスク評価を実施すべきかについて解説する。ERMなどの全社的リスクマネジメントシステムが存在しない状況で内部監査部門がリスク評価を実施する場面を想定いただきたい。

　まず，リスク評価の対象となるリスクの洗い出しを行う。洗い出しの方法は大きく分けて2通りある。

　①　リスクライブラリーを基にリスクの追加・削除を行う方法
　②　インタビュー／ワークショップなどによる方法

　①のリスクライブラリーを基にする方法は，組織体が所属する業界において考慮すべき一般的なリスクの一覧を入手し，一覧にあるリスクの内，該当するものを残し，該当しないものを削除していく。前項のリスクの潜在／顕在する物理的／概念的場所を念頭に，一覧にないリスクは追加する。リスクライブラリーの入手先については，リスクマネジメントのコンサルティングサービスを提供しているコンサルティング会社などがある。

　この方法のメリットは，リスクライブラリーの購入コストはかかるものの，組織体内部の投入リソースは比較的小さく，また，一般的に想定すべきリスクに漏れがなくなることである。一方，デメリットとしては，組織体固有の

重大なリスクが把握できない事態が起こり得ることである。

　②インタビュー／ワークショップなどによる方法では，主に経営層からのヒアリングからリスクを洗い出す。対象となる経営層としては，CEO，事業本部長，事業部長，本社の部室長などが想定される。さらに取締役，監査役からのヒアリングも有益な情報となる。インタビューの場合はそのヒアリングを個別に行い，ワークショップの場合は対象者をいくつかのグループに分けてディスカッション形式でリスクを洗い出していく。

　この方法のメリットは，組織体にとって真に重大なリスクは何かが把握し易いことである。CEO，取締役，監査役といった内部監査部門の直接的なステークホルダーのリスク認識を確実に把握できることの意味は大きい。デメリットは，ヒアリング対象が多数となる大組織ではインタビューやワークショップにかかる時間が膨大となり，その結果をまとめる作業にも時間とスキルが必要なことである。とくにワークショップ形式で行う場合には，有能なファシリテーターが必要となる。

　重大なリスクを確実に把握し，洗い出し漏れのデメリットを抑えるのであれば，リスクライブラリーを利用しながら，インタビュー／ワークショップを実施し，リスクの追加・削除を行っていくことが考えられるが，コストが嵩むことは否めない。

　リスクの洗い出し終了後，リスクの重要度の評価を行う。一般的なリスクマネジメントでは，固有リスクを洗い出し，それを低減するコントロール（体制，制度，規程の整備・運用状況）を評価したうえで残余リスクを検討することになる。内部監査部門が行うリスク評価では，固有リスクの評価により監査計画を策定し，監査の実施そのものがコントロールの評価と位置づけることもできる。したがって，内部監査では残余リスクが高い事項を発見事項として指摘しているともいえる。

　固有リスクの重要度は，発生可能性と影響度の2つの観点で評価し，決定することができる。発生可能性および影響度の評価基準は，たとえば次のように定める。

第Ⅱ部　内部監査の実務

〈発生可能性〉
「高」：1年以内に1回以上発生する可能性が高い
「中」：5年以内に1回以上発生する可能性が高い
「低」：5年以内に発生することは稀である

〈影響度〉
「高」：影響は企業外部に及ぶ。違法状態となる。取引／営業の停止／縮小
　　　等営業に重大な影響を与える
「中」：影響は他部門に波及するが企業内に限定される
「低」：影響はリスクが顕在化した部門内に限定される

　これら発生可能性と影響度を，**図表Ⅱ-6**にプロットし，リスクの重要度を決定する。右上のマスに近いリスクは重要度「高」であり，左下のマスに近いリスクは重要度「低」と判断する。

　定性的な基準ではなく，たとえば，損益に与える影響額を基準とする場合も多い。しかしながら，こうした数値基準は，基準の策定は比較的容易だが，個別のリスクの影響額を計算することが困難で，実務的には利用が難しい。数値基準は，単純・容易に計算が可能な場合にのみ利用し，定性基準と併用することが必要である。

　組織体を取り巻くリスクの質と重要度は刻々と変化しているので，リスク評価は，少なくとも年1回は実施すべきである。結果として，前年度と今年度の重要リスクに変化がないことはあり得るかもしれないが，だからといって，3年に1度の頻度で十分なリスク評価ができると断言できる組織体はないはずである。

　ただし，実務上のリソース負担を考慮し，前述したワークショップ形式のリスクの洗い出しを3年に1度実施し，その間の2年間は主要経営層へのインタビューのみによるリスクの洗い出しとするなどの効率策は，各組織体の方針と工夫によるところである。

❷ リスク評価と監査計画

図表Ⅱ-6　リスク重要度マトリックス

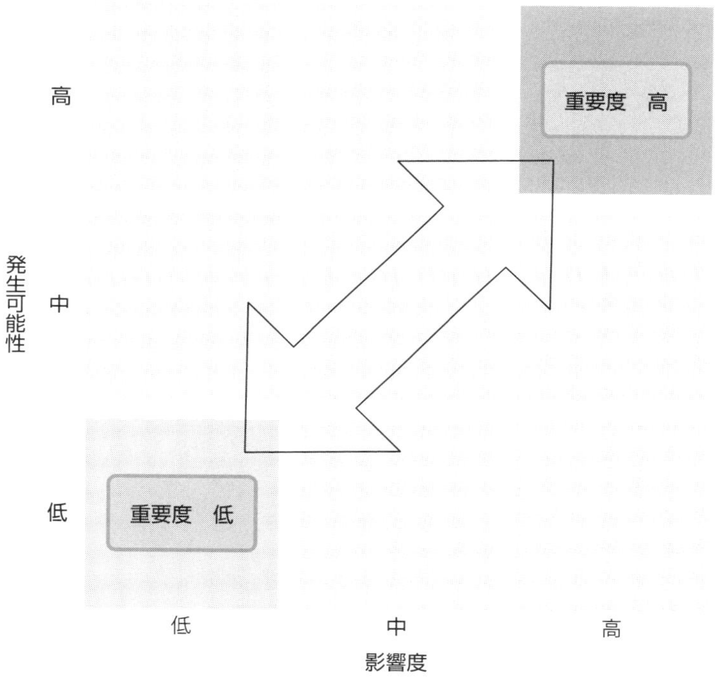

（縦軸：発生可能性　高・中・低／横軸：影響度　低・中・高。右上に「重要度　高」、左下に「重要度　低」）

出所：筆者作成。

3. リスクベースの監査計画

　リスク評価を基に監査計画を策定する。監査計画は中長期（3～5年）と短期（年度）の2期間を設定するべきであり，通常は組織体の中長期計画／年度予算管理プロセスにより策定される。したがって，監査計画の様式は，各組織体の中長期計画／年度予算管理プロセスで統一されたものを用いることになることが多いと思われるが，その作成根拠に，前項のリスク評価結果を用いることがリスクベースの監査計画策定の要件となる。

　中長期監査計画の策定の場合には，事業部，事業所，営業拠点，関係会社，

本社部室などの括りで監査対象を選定し，その往査を3～5年の期間中のどこで実施するかを明示する。この際，リスク評価により，組織体にとって非常に高いリスクが存在する関係会社，部門には毎年の往査が必要となり，リスクが低い関係会社，部門に対しては，期間中1度の往査か，当該期間中には往査を実施しないこともあり得る。中長期の監査計画では，主にリスクの重要度に応じて往査の頻度を決定，明示することになる。リスクの重要度と往査頻度は，内部監査規程や内部監査マニュアルなどで規定し，一貫性を維持することが必要である。

　また，リスク評価の結果，通常の監査プログラムにはない事象が認識された場合には，テーマ監査として中長期計画に織り込むことも必要である。たとえば，中長期計画期間中に，ＥＲＰシステムの導入を計画しているとか，企業を買収する予定がある場合など，それらプロジェクトについて，承認された方針・手続に即しているかを検証するプロジェクト監査を実施する場合がある。また，最近，複数子会社で粉飾決算などの不正が生じた企業では，中長期計画にコンプライアンス監査を追加し，特別プログラムで全グループ会社を一斉点検することを予定することなどもある。

　年度計画においては，上記中長期計画の内容を，より詳細に年度ベースの計画に置き換えていくことになるが，直近のリスク評価結果に基づき，中長期計画策定時に把握されていない新リスクが認識された場合や，軽微なリスクと評価していた事象が外部環境の変化により，重要度が増した場合など，これに対応した監査テーマの追加が必要となる。逆に，リスクが低減し中長期計画で予定したテーマ監査を中止することもあるかもしれない。

　中長期監査計画と年度監査計画の位置づけは，組織体の中長期計画／年度予算の位置づけと同様であり，中長期監査計画で予定した監査概要を，年度監査計画で必要な修正を行い，人員，設備投資，経費などについてより具体的なリソース配分を計画していくことになる。内部監査部門にとって重要なことは，その計画策定プロセスの根拠をリスク評価の結果におくことである。

4. 監査計画の構成

監査計画には，計画期間にかかわらず少なくとも下記の事項を含めるべきである。
- 目標と指標
- リスク評価の結果
- 監査対象・テーマ
- 監査スケジュール
- 必要リソース

内部監査部門は監査対象の執行部門から独立しているとはいえ，組織体内の一部門であることには変わりがない。内部監査部門の部門目標は，組織体全体の目標達成のための一施策となる。その達成度合いを測るための指標も必要である。リスク評価の結果では，重要度が高いリスクをリストアップし，リスク評価の内容についてはそのサマリー版を添付する。監査対象・テーマでは，事業部，事業所，営業拠点，関係会社，本社部室などの組織単位，または販売，購買，品質保証などのプロセス単位でどのようなテーマで監査を実施するかを記載する。その際，どの重要リスクに対応するための監査であるかを明記する。監査スケジュールは，監査の時期・期間の提示であり線表を用いるのが理解し易い。必要リソースは，人員，設備，費用などについて記載する。

前述のとおり，実務上，監査計画は各組織体の中長期計画／年度予算管理プロセスにより策定されるので，具体的な記載方法は，その指定の様式に基づくことになる。中長期と短期（年度）計画の記載内容は，当然のことながら，概要と詳細の違いとなるが，各組織体の様式によってその粗密は異なる。

3 監査の実施

1. 往査の事前準備

　往査の事前準備には，事務的準備と監査プログラム作成のための予備調査の2つがある。

　事務的準備は，監査日程の決定，被監査部門への監査通知の発行，監査担当メンバーとのキックオフミーティングなどがある。監査日程の決定については，とくに，海外子会社への往査の場合には，移動手段を含めて入念に行う必要がある。たとえば，複数国で一連の往査をするのであれば，フライトスケジュールを効率的に設定する必要がある。また，宿泊先から被監査会社への移動方法などについても，現地担当者にその地域の事情に合った方法を確認しておくべきである。日本国内のように会社名，住所を告げれば，タクシー運転手がそこへ連れて行ってくれるような国・地域ばかりではないからである。海外子会社の往査は，距離的制約があり，予定した期間ですべての監査プログラムを終了しなければならない。移動手段に不具合が生じ，半日，監査の開始が遅れるのは大きな障害となってしまう。

　監査通知には，「監査目的」，対象とする業務プロセスやデータベースなどを明確にする「監査対象」，「監査日程」，「監査実施者」などの項目は最低限織り込むべきである。また，監査によっては，被監査部門ではない他部門から，大量あるいは機密の情報を提供してもらうことが必要な場合がある。こうした場合には，当該部門に対し，監査協力依頼書をあらかじめ送付しておくことが，監査手続をスムースに進める上で有効である。

　チームメンバーとのキックオフミーティングでは，リーダーからメンバー

に対し,如何なるリスク認識に基づく監査であるのか,「監査目的」を明確にし,そのために必要な注意・留意事項を説明する。監査プログラムの最終確認を行い,メンバーの疑問点を解消し,必要に応じてメンバーの意見を監査プログラムに反映させる。また,チームメンバーに,他部門からの内部監査補助者(たとえば,システム部のIT専門家など)が含まれる場合には,内部監査規程に基づき,守秘義務等の遵守事項について十分な説明を行うことが必要である。内部監査部の所属員にとっては最早当たり前の守秘義務も,内部監査補助者の認識は高くはない。内部監査補助者に守秘義務を遵守させるために,まずは内部監査部門がそれを説明する責任を負っていることを忘れてはならない。

　監査プログラム作成のための予備調査は,監査対象を理解することである。そのためにまず,被監査部門,その他の関連部署に「事前資料の送付依頼書」を送付し,必要な情報を入手する。たとえば,子会社のマネジメント全般につき,その内部統制の整備・運用状況を確認することが監査目的である場合には,下記のような資料送付を依頼する。

〈会社概要〉
- 組織図,人員表,職務記述書,職務分掌規程,決裁権限規程
- 直近中長期計画書,当年度予算書
- 直近決算書,監査報告書
- 許認可リスト,特定の遵守法令一覧
- 係争案件リスト
- IT環境説明書　など

〈業務プロセス〉
　フローチャート:販売(受注,出荷,請求),売掛金管理,買掛金管理,原価計算,給与計算,経費支払,年度決算,棚卸資産管理,現金・預金管理,固定資産管理　など

　上記の送付依頼に対し,時間をおかず送付してくる子会社であれば,それ

を以って，内部統制の整備がすでに高いレベルにあることが窺える。しかしながら，実際には，送付できる資料がほとんどない子会社もあり，その場合には，内部統制の整備状況不備を指摘し，その改善を促すことが内部監査部門の役割となる。

　送付された資料を閲覧し，監査対象である子会社マネジメントのどこに問題点があるのか仮定する。たとえば，社長が経理部長も兼務しており，課長クラスは不在であることが組織図から読み取れる場合，会計処理の職務分掌が適切に行われておらず，さらには，社長の責務を果たすことに手が一杯で，会計実務のほとんどを一般社員に任せているかもしれない。経費支払サイクルで不正／横領が発生しているリスクもあるし，本社への財務報告に重大な誤謬が含まれているリスクもある。また，決算書の財務数値を分析し，同事業の他子会社に比較し，売掛金の回収期間が異常に長い場合，本来，貸倒引当金を積むべき不良債権が放置されているリスクもあるし，架空売上の計上リスクもある。上記の不適切な職務分掌とあわせて考えれば，社長が業績をよくみせかけるために架空売上を指示している可能性すらあり得る。

　これら個別リスクの仮定を検証することが往査であり，次項に述べる監査プログラムは，検証結果に合理的な信頼性を与えるよう作成しなければならない。

2. 監査プログラム

　監査プログラムは，あらかじめ何をどのようにチェックするかを定めるものである。前項の子会社監査の事例であれば，仮定したリスクに基づき，会計部門の職務分掌の整備・運用状況の確認や販売プロセス，売掛金管理プロセス，年度決算プロセスに関する内部統制の整備・運用状況に重点をおいたプログラムが必要であろう。

　重点をおくためには，質問対象者の人数を増やし，質問時間を多くとり，運用状況を確認するためのサンプルも高リスク時のサンプル数を抽出する。

また、検証が多面的に行われるよう外部監査人が実施した売掛金残高確認書を確認したり、場合によっては、外部監査人が確認対象外としている多数の小額売上債権について、残高確認を内部監査人自ら実施することなども想定される。

　監査プログラムの記述は、できるだけ具体的に記載することが必要である。往査チームメンバーには、経験の少ない内部監査人や他部門からの内部監査補助者が含まれている場合があり、具体的な記述でなければ有効な監査手続を実行できないリスクがある。また、ベテラン監査人が行う場合でも、監査手続に一貫性をもたせるため、具体的な記述が望ましい。

　作成された監査プログラムは、内部監査部門長の承認を受ける必要がある。仮定されたリスクを検証するために、重点項目へ監査リソースが配分されているか、監査手続自体が有効に機能するか、また、予定された期間内に完了できるかなども確認しなければならない。実際、監査の成否の大部分は、監査プログラムの完成度にかかっている。監査プログラムの有効性・効率性を判断するためには、豊富な経験と内部監査業務に関する知識の蓄積が必要であり、内部監査部長が最終確認を行うべきである。

3. 監査手法

　監査手法にはさまざまなものがあり、呼び方や手法の分類レベルも組織体によって異なるが代表的な監査手法は下記のとおりである。内部監査人の監査結果に関する心象は実施した監査手法の種類によって異なる。一般に質問／観察→通査・閲覧→再実施の順にその監査手法から得られる監査証拠の証拠能力が高まり、内部監査人の心象の水準も大きくなる。したがって、心象水準の低い監査手法、たとえば質問の場合には複数の担当者から話を聞く、あるいは質問の回答を裏づけるための書類の閲覧を行うなど複数の監査証拠を入手することになる。

❸ 監査の実施

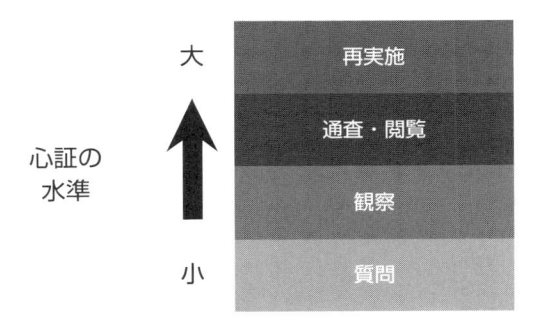

図表Ⅱ-7 監査手法

心証の水準 大 ↑ 小

- 再実施
- 通査・閲覧
- 観察
- 質問

出所：PwCの資料をもとに作成。

① 質問

質問は，知識・経験を有する者にインタビューを行い，監査対象に関する情報を探ることである。

- 質問は，他の手法の補完であることが多い
- 質問に対する回答の評価・確認が必要であり，裏づけと一緒に評価する
- 通常，質問による回答のみでは統制が有効に運用されていると判断するに足る十分な証拠とはならない

たとえば，棚卸資産の勘定残高と実残高の照合作業を行っている従業員に以下の質問を行う。

- 何年間，照合作業を担当しているか
- 照合する書類は何と何か
- 照合の頻度は四半期か，月次か，週次か
- 不一致が検出された場合，どのように処理するか
- 通常，検出される不一致の原因は何か
- 長期間修正されない不一致が存在するか

② 観察

観察は，被監査対象の担当者等が実施した処理や手続をみることである。
- 観察は，書面の証拠がない場合に心証を得るために行う。
- 観察によって，処理や手続が実施されたという監査証拠を得られるが，観察時点のみの証拠に過ぎない。

たとえば，棚卸資産の照合作業のケースでは，実際に被監査部門の担当者が照合を実施する現場に赴き，どのような照合作業を実施しているかを立会いにより観察する。

③ 通査・閲覧

通査・閲覧は，記録または文書を調べることである。記録や文書には，内部情報もあれば，外部情報もある。また，紙の形態もあれば，電子媒体の場合もある。

たとえば，棚卸資産の照合作業に関して，被監査部門の対象者が実際に行った照合手続の記録，不一致資産の修正の記録などを入手し，照合作業や修正作業およびそれらの承認の証跡などを確かめる。

④ 再実施

再実施は，被監査現場担当者が行った手続や統制を，内部監査担当者自らが再度，それを実行してみることである。手続や統制を確認するのではなく，その手続や統制の結果，生成される情報が監査日時点において，正確であることを確認するものである。

たとえば，棚卸資産の照合作業を内部監査人自らが実施し，主要棚卸資産の実残が，勘定残高と一致していることを確認する。

上記の通査・閲覧，再実施の監査手続では，通常，サンプリングの手法を採用し，対象事象を全件確認するのではなく，抽出したサンプルを確認する

ことによって，監査対象の母集団に対し合理的な心証を得る。

手作業による統制を通査・閲覧，再実施する際の件数は，内部監査人の専門的な判断により決定すべきである。統制が効果的に運用されているとの合理的な心証を得るのに十分なサンプル数をとるべきである。以下のサンプル数例は，手作業による統制を通査・閲覧，再実施する際に適用される。

図表Ⅱ-8　サンプル件数例1

統制の行われる頻度	サンプル件数
年次（1年に1回）	1
四半期（1年に4回）	2
月次（1年に12回）	2–5
週次（1年に52回）	5, 10, 15
日次（1年に260回）	20, 30, 40
1日に複数回	25, 45, 60

出所：PwCの資料をもとに作成。

統制が定期的・周期的に行われるわけではなく，取引発生の都度，行われるような場合には，担当者への質問等により母集団がどれくらいかを調べ，同等の母集団を有する統制と同じサンプル数を抽出すべきである。たとえば，年間ランダムに10回実施された統制は，母集団が10個であるため，月次の統制（母集団が12個である）とほぼ同じ母集団であり，「月次」において示された件数をサンプル抽出し，検査・再実施する必要がある。

図表Ⅱ-9　サンプル件数例2

母集団の大きさ	上記図表Ⅱ-8のなかで参照すべき箇所
1	年次
2—4	四半期
5—12	月次
13—52	週次
53—250	日次
>250	1日に複数回

出所：PwCの資料をもとに作成。

自動化された統制については，通常，最少限のテスト件数となる。自動化された統制に依拠している場合，通常，IT全般統制が評価され，自動化された統制が継続的に正しく機能するであろうとの心証を得ているため，一般的に，自動化された統制は，1回のみテストを行えば十分である。IT全般統制が機能していない場合，自動化された統制は，手作業による統制と同じ程度のテストを実施することになる。

また，サンプリング手法にはサンプルをどう選ぶかによって，内部監査では主に下記の抽出方法を用いる。可能である場合にはランダム法を採用した方が恣意性のないサンプルを抽出することができるが，これを用いる場合には，サンプル対象の情報に何らかの連番が付されていることが必要となる。

- ランダム法
  母集団全体から平等に選ぶ方法。無作為に選ぶために，乱数表またはソフトウェアで発生させた乱数を利用する。
- ハップハザード法
  偏った見方をせず，サンプルを選ぶ方法で，乱数表を使用せず，手作業によりサンプルを選ぶ。

その他の監査手法として，第三者による確認，ウォークスルー，CAATの利用などがある。必要に応じて監査プログラムに織り込むことになるが，費用対効果の観点にも留意する必要がある。

- 第三者による確認
  第三者による確認は，預金残高，売掛金などの取引残高について金融機関や取引先に文書で確認を求める監査手法である。
- ウォークスルー
  標準的な取引を1，2件選び，取引の発生から会計記録に反映されるまでの業務フローについて，業務プロセスの各段階における統制の運用状況を追跡する監査手法である。

- CAAT

 電子媒体データについて，通査・閲覧または再実施の監査手法を行う場合に手作業ではなく，コンピュータ・ソフトウェアを利用する監査手法である。詳細については第3分冊『ITと内部監査』を参照されたい。

4. 監査証拠

　内部監査人は，発見事項の指摘や監査意見を表明する際の合理的な心証を得るために適切かつ十分な監査証拠を入手しなければならない。監査証拠は，合理的な心証を得るに至る過程で累積されていくすべての情報であって，何らかの不備を示すデータのみを指すのではない。

　たとえば，子会社購買業務の職務分掌の有効性を確認することが監査の目的である場合，内部監査人は以下のような監査証拠を入手する。

① 組織図
② 職務分掌規程
③ 決裁権限表
④ 購買プロセスフローチャート
⑤ 購買業務マニュアル
⑥ 経営層，担当者への質問記録
⑦ 一定期間の資産・物品購入リスト
⑧ 購入リストから抽出したサンプルの確認結果

　①～⑥は，購買業務に関する職務分掌の整備状況の有効性を確認するための監査証拠である。経営層への質問では購買業務が購買部のみで実施されているかどうかを確認し，組織図に営業所などがあればそこで購買業務が行われていないことを確かめるべきである。その結果を踏まえ，②～⑤の文書が適切に記載されているかを判断する。欠けている文書があればそれ自体が発見事項（＝「指摘が必要な不備」とは限らない）となり，営業所で直接購買

が行われているにもかかわらず，③～⑤にその記載がなければ，それも発見事項となるだろう。

⑦～⑧は運用状況の有効性を確認するための監査証拠である。①～⑥の監査証拠により確認した整備状況のとおり，職務分掌が個別の購買取引で実施されているか否かを確かめるための監査証拠となる。

適切な監査証拠は，監査目的の達成に寄与する妥当性と証明力を備えたものでなければならない。妥当性は当然のことながら，監査目的に直接的あるいは強い関連性をもっているかどうかである。証明力については，一般的には下記のとおりである。

- 通常，組織外部の独立した情報源から入手した監査証拠の方が証明力がある。
- 組織内部の監査証拠は通常，監査対象プロセスから独立したシステムから入手したものの方が証明力がある。
- 内部監査人が直接入手した監査証拠（たとえば，有形固定資産の実査を自ら実施した結果あるいは第三者から直接受領した外部確認書など）は通常，間接的に入手した監査証拠より証明力がある。
- 監査証拠は通常，文書形式（紙媒体，電子媒体など）で存在する方が，口頭陳述から得る監査証拠より証明力がある。
- 原本によって提供された監査証拠は，コピーまたはファクシミリによって提供された監査証拠よりも信頼できる。
- 外部証拠や性質が異なる他の監査証拠と一致する監査証拠は，単独の監査証拠よりも信頼できる。

入手した監査証拠が適切かつ十分であるかの判断は，最終的には内部監査人の専門性と健全な懐疑心に依拠する。通常，絶対的な監査証拠を入手することは困難であり，複数の累積した情報により，説得力のある監査証拠を入手することが必要となる。また，監査手続を選択する際，われわれは監査証拠を入手するコストと入手した情報の有用性との関連を考慮しなければなら

ない。内部監査部門，被監査部門ともに監査にかけるリソースは限定されており，費用対効果を考慮した効率的な監査を実施しなければならない。

5. 監査調書

　監査調書は，実施した監査手続，入手した監査証拠，ならびに到達した結論の主要な記録であり，内部監査人がどのような方法で監査の結論に到達したかを把握できるようにしなければならない。監査調書の適切さの目安は，他の経験豊かな内部監査人が，当該監査に関与していなくとも次の事項を理解することができることである。

- 内部監査規程や内部監査マニュアルなどに規定した要求事項に準拠するために実施した監査手続，その実施の時期および範囲
- 監査手続を実施した結果および入手した監査証拠
- 監査中に内部監査人が発見した重要な事項およびこれに関して到達した結論

　内部監査人が監査調書を作成する往査期間中は，監査チーム内の上長と配下の内部監査人のみである場合がほとんどである。チーム内メンバーは，事前資料や自分が関与した監査手続により，監査対象の状況についてある程度の共通認識をもっているため，共通認識に関する情報は監査調書の記述が不十分になりがちである。しかしながら，記録されない共通認識は時間の経過とともに記憶が薄れ，曖昧となっていく。監査後に振り返ってみるとなぜ追加の監査手続をとらなかったのか説明ができないことにもなりかねない。往査中から他の内部監査人が理解できるか否かを念頭に監査調書を作成すべきである。

　また，監査調書は，監査報告書の裏づけ資料であり，監査報告書に記載した内容について，その詳細や背景を説明するものでなければならない。内部監査報告書に記載した発見事項については，監査後に繰り返し確認すること

が多いため，監査調書に発見事項No.を記載するなど，容易に監査手続の詳細がトレースできるよう工夫する必要がある。逆に，重要な発見事項がなく，監査対象の内部統制の整備・運用状況は良好であるとの結論に至った場合には，どうして良好であるといえるのかを明確にし得る十分かつ適切な監査証拠を記録しておかなければならない。このような結論の場合，監査報告書になぜ良好であるかを詳細に記すことはなく，監査報告書の読者は専門家である内部監査人が到達した結論を信頼することになるが，内部監査人のアカウンタビリティは，監査調書をもって果たさなければならない。

監査調書の読者は，その監査業務を担当した内部監査人のみではない。内部監査部門長が監査報告書のレビューをする際には，監査報告書の適切さを判断するための最も重要な情報源となる。また，後述する内部監査の品質保証において，組織体内部または外部の第三者が内部監査業務をレビューする際にも利用される。

以下に，監査調書作成時の要点を記載する。

- **監査目標／目的**：監査目標／目的が明示されている。
- **出所**：監査調書には，情報の出所に関する情報を明記する。たとえば，被監査部門が作成した文書であることや外部の第三者が作成した文書であることを記載する。
- **内容**：監査調書の内容は，当該監査業務に関与していない経験豊かな内部監査人が，実施した監査手続，その実施時期，範囲，入手した監査証拠，および到達した結論を理解するのに十分である必要がある。
- **手法**：質問，観察，通査・閲覧，再実施など，どのような監査手法を実施したかを明示する。
- **時期**：すべての監査証拠の入手時期および証拠自体の作成時点を記録する。監査手続の実施日，上長のレビュー日を記録する。
- **結論**：実施したすべての監査手続について，監査証拠から到達した結論を記録する。

❸ 監査の実施

　新人や経験の浅い内部監査人は，上述したような監査調書を自力で作成することは難しい。監査チーム内の上長がレビューし，修正を繰り返しながら，適切な監査調書に仕上げていくことになる。この作業は往査期間中，毎日実施されるべきであり，これにより，上長は配下の内部監査人が監査プログラムに準拠して監査手続を実施しているか，重大なリスクや不備が見過ごされていることがないかを確認することができる。また，新人や経験の浅い内部監査人は，上長のレビュー結果により，監査手続をやり直したり，監査調書の記載を修正したりすることで自らの内部監査人としての専門的能力を向上させていくことができる。監査調書は，内部監査業務の品質向上に寄与するのみではなく，内部監査人のOJTに欠かせないツールでもある。

　最近では，内部監査業務用の電子調書のパッケージも市販されている。また，多くの組織体では自社イントラネット内に内部監査部門専用のDBを保有し，そこに電子ファイルの形態で監査調書を保存している。上述した監査調書の記載のポイントは，記録媒体の違いとは関係なく同様である。

　また，監査調書は，監査手続のすべてを記録したものであり，組織体の機密情報を含むものであるため，いかなる媒体であろうとも厳格にアクセス制限をする必要がある。

6. 現地講評会

　現地講評会は，クロージングミーティングやラップアップミーティングとも呼ばれ，往査期間の最終日に実施される。主な目的は往査期間中の発見事項の事実確認を行うことである。発見事項が事実であるか，内部監査人の認識に誤解がないかを確認する。

　発見事項の事実確認は非常に重要である。事実確認を行わないまま，往査を終了し，数週間後に発行される監査報告書をみて被監査部門が事実と違うとの意志表示をした場合，その重要度によっては内部監査人が再度，監査手続を行わなければならないこともある。再質問や新しい監査証拠の入手は遠

隔地であればある程困難となり，海外子会社などの場合は十分な再監査ができないこともあり得る。

　発見事項の事実誤認は，英語によるヒアリングでの内部監査人の聞き違いや十分に業務プロセスを理解していない担当者からのヒアリングに基づき結論を出した場合など，さまざまな理由で起こり得る。したがって，現地講評会の出席者は，被監査部門の責任者と監査に関与したなるべく全員の参加が望ましい。発見事項自体も簡潔かつ明瞭に文書に記載し，1つひとつ読み上げながら丁寧な確認が必要である。

　ときに，被監査部門の責任者から発見事項について疑問が提示される場合がある。何らかのコントロールの不備を指摘しても，すべて自分が最終的にチェックをしている，実質的には指摘した不備による影響はないなどの主張である。このような場合，内部監査人はどのように対応すべきであろうか。少なくとも，講評会の場でコントロールの有効性について激しく論争することは避けるべきであろう。事実を確認し続けることの方が双方にとって有効である。責任者の最終チェックの内容とそれを示す証拠の有無を確認する。内部監査人は，より上位の管理者がその配下のコントロール以上の細かいチェックを実施することは通常あり得ないことを認識しておくべきである。責任者の主張する最終チェックの頻度は粗いはずであり，そのチェックの証拠はないことの方が多い。

　また，指摘された不備による影響は実質的にはないなどの主張は，不備があっても懸念されるリスクは顕在化しないという主張であるが，こういう場合にも，リスクの顕在化の可能性について論争するよりも，双方が納得できる事実の記載について，事実を確認することの方が有用である。たとえば，「経理部が受領した支払申請書の申請部門の承認状況について，規程に定められた経費支出決裁に関する部長承認のないものが，サンプル45件中8件あった」との発見事項に対し，経理部長から，組織図や兼務状況を都度確認しながら適切な承認者であるか否か確認しており，8件ともすべて部長に"相当する"職位者による承認を得ているなどの主張があった場合である。承認

当時の組織図や兼任状況の社内通知を別途確認することを前提として，講評会では発見事項の記載を「規程に定められた部長承認については，経理部担当者が都度，組織図，兼務辞令などを確認しながら，適切な承認者であるか否か判断している。しかしながら，監査日時点において，部長職権限者を一覧できる文書は作成されていない」などに修正することを合意する。

　上記の例示で重要なことは，「経理部担当者が都度，組織図，兼務辞令などを確認しながら，適切な承認者であるか否か判断している」というような脆弱なコントロールでは，早晩，規程が求める承認者レベルではない不適切な承認が行われるリスクが高いことであり，この是正に向けたアクションがとられるように発見事項の記載を修正すればよいのである。内部監査人の改善提案として，「人事部と協議のうえ，社内の兼務辞令を含めたすべての辞令発令時には，経理部にその写しが回付されるよう手続変更すること，経理部はそれに基づき，部長職権限者の一覧表を随時更新することが望ましい」などの提案ができるよう発見事項の修正を講評会で合意しておくことが有用である。

　また，往査最終日の講評会の前に事前確認ミーティング（Pre-Exit Meeting）を開催し，担当者との事実確認はこのミーティングにて行う場合もある。これにより，講評会では，被監査部門の責任者とリスク認識の刷り合わせや内部監査人の改善提案を基にした是正計画についてより高度な意見交換をすることができる。

4 監査報告

1. ステークホルダーへの報告

　前述したとおり，内部監査のステークホルダーは，一般にCEO，COO，CFO等の経営陣，取締役会や監査役などである。内部監査部門を管掌するガバナンス／経営執行機関に報告するのが当然であり，CEO直属の組織であれば，すべての報告はCEO宛となる。写しでの報告先は組織体により決定すればよいが，個別の監査報告書と監査活動報告では報告範囲が異なる。個別の監査報告書は，とくに秘匿の必要性がないかぎりにおいて，なるべく多くのステークホルダーに配布すべきであろう。一方，監査活動報告はCEOのみの報告でも可であり，写しでの報告先は取締役会，監査役を加える程度であろう。

2. 監査活動報告

　監査活動報告は，月次，四半期，年次などの頻度で年度監査計画に対する進捗状況を報告するために作成する。報告内容は，年度監査計画の内容によって異なるが，通常，下記の事項が含まれる。

- 年度目標の進捗報告
- 計画した個別監査の実施状況
- 発見事項報告
- 人員推移（他部門からの内部監査補助者を含む）
- 費用支出実績　など

目標管理制度が予算制度に織り込まれている組織体では，定性的・定量的な部門目標を掲げておりその達成度を報告する。定量的な目標には，往査終了日から最終監査報告書発行までの期間や1人当たりの監査手続数など主に内部監査の効率性に関する目標が多い。発見事項報告は，報告対象期間中の内部監査で指摘した発見事項，同期間中に被監査部門から是正終了の報告があった事項，報告時に未是正の発見事項数などを報告する。人員や費用支出については，内部監査部門の予算執行状況の報告である。

3. 個別監査報告書

監査報告書は，内部監査業務のアウトプットとして最も重要なものである。書式・様式は各組織体において決定すればよいが，少なくとも一定期間の監査報告については，組織体で統一した書式・様式を用いることがステークホルダーである読書の理解を容易にし，内部監査部門自体にとっても報告内容のトレースを容易にする。

監査報告書に織り込むべき内容を下記に例示する。

1．監査概要
  (1) 目的
  (2) 被監査部門
  (3) 監査対象
  (4) 監査手続
  (5) 監査実施者
  (6) 監査日程
2．監査結果
  (1) 背景
  (2) 総評

> (3) 重要な発見事項
> 3．添付資料
> 　　「個別発見事項リスト」

　監査結果については，さまざまな記載が想定されるが，上記例示ではリスク評価結果，事前資料の理解，往査時のヒアリング結果などから，「背景」情報として被監査部門の監査対象についての概説を行う。監査対象として選定された理由を改めて説明することで読者の理解を深めるために有用な情報である。「総評」で内部監査人の意見を表明し，重要な発見事項を列挙することで，意見の裏づけとなる重大な事実を知らせる。その他重要ではないと判断した発見事項も含め，発見事項のすべてを添付資料として，同一の様式で「個別発見事項リスト」に記載する。「個別発見事項リスト」の内容は，タイトル，関連部門，発見事実，リスク，改善提案，所管部門の対応などである。

　本書の19ページ「⑩実施基準2420-伝達の品質」で紹介したとおり，監査報告書は，誤謬・遺漏がなく事実に忠実であることの正確性，不偏・公正・公平で先入観のない客観性，冗長・多言を避け，詳細すぎない明瞭性，時宜を得た適時性，重要な情報の欠落がない完全性を維持し，組織体の役に立つ建設的な報告内容とすべきである。

　実際の監査報告書でよくみかけるのは，正確性と完全性を追求するあまり，明瞭性や適時性が失われるケースである。経験の浅い内部監査人はとくに，正確・完全に記載しようとするあまり，多くの周辺情報を監査報告書に盛り込みがちになる。結果として冗長な表現となり，かえって肝心な指摘内容がわかりづらくなってしまう。また，作成に多大な労力と時間を要し報告が遅延してしまう。重要な情報は何か（完全性）を確認したら，それを明確に伝えるために，あえて記述内容をシンプルにすることも正確に伝えるために必要なことである。周辺情報や関連情報は監査調書にこそ仔細に記録し，必要に応じて参照すればよい。正確・完全性と明瞭・適時性は一見相反する要請

ではあるが，別々に考えるのではなく，双方を満たすことを同時に考えた方がむしろ実現し易くなる。

5 フォローアップ

1. フォローアップの重要性

　フォローアップについては，内部監査規程で規定するとともに制度として整備・運用を行うことが必要である。フォローアップの制度が曖昧であると，指摘事項に対する被監査部門の是正意欲が減退し，結局は不備が放置されてしまうことになる。是正を行う最終的責任は被監査部門にあるが，フォローアップにより，是正を促す内部監査部門の責任も重い。

　是正を行う最終的責任が被監査部門にあるのであれば，被監査部門の誠実性を信頼し是正を任せ，フォローアップに無駄なコストをかける必要はないという意見もあるかもしれない。しかしながら，実際の現場ではフォローアップが機能しなければ是正が進まないのが現実である。

　内部監査で指摘する不備の多くは，それが放置された場合に発生する潜在的リスクを想定した指摘である。潜在的リスクはその発生可能性は高くとも，実際の損害が発生していないために是正への取り組みが喫緊の課題として認識されない場合が多い。被監査部門では，日常業務においてさまざまな問題が発生するため，その顕在化した問題の対応処理が優先されることになる。被監査部門の誠実性が欠如しているために是正が進まないのではなく，多くの場合，対応の優先度が顕在化した問題におかれることに起因していることを認識すべきである。したがって，内部監査部門が是正状況を定期的にフォローアップすることは，被監査部門に潜在的リスクの存在を都度認識してもらうためにも意味がある。

　被監査部門が限られたリソースで，顕在化した問題を処理しながら，潜在

的リスクへの対応をするためにはある程度の時間を要するのが当然である。是正の完了予定日は，被監査部門が自ら設定し，内部監査人が上記の状況も勘案したうえで合理的と判断されればむやみに対応を急がせることはできない。是正の内容や完了予定日について，被監査部門と内部監査人が合意することが必要であり，フォローアップは合意内容に基づいて行われなければならない。

2. フォローアップの制度

フォローアップを制度として整備するためには少なくとも下記の手順を内部監査マニュアルなどで規定しておくことが必要である。

① 監査報告書において，【所管部門の対応】として是正の方針，およびその是正完了予定日を記載すること
② 指摘事項一覧を作成し，①の所管部門の対応を記録すること（**図表Ⅱ-10参照**）
③ 被監査部門が是正完了したことを報告する様式を配付すること
④ 是正完了の報告を受け指摘事項一覧を更新すること（**図表Ⅱ-11参照**）
⑤ 指摘事項自体の重要性および是正内容の複雑性などを考慮し，フォローアップ監査実施の是非を検討すること
⑥ フォローアップ監査を実施する場合は，次年度監査計画または修正年度計画にフォローアップ監査を織り込むこと

図表Ⅱ-10 指摘事項一覧

報告日	監査テーマ	被監査部門	指摘事項	所管部門の対応	是正予定日
2011年4月1日	購買プロセス監査	本社購買部	購買管理規程第X条の未更新	XXについて確認し，2011年5月1日までに更新手続を完了する予定	2011年5月1日
			XX承認手続の遺漏	承認者不在時の権限委譲者を届け出る。2011年4月15日完了予定	2011年4月15日
			発注書の重複発行	システムに依頼し，類似発注案件入力時に警告メッセージが出るようプログラムを変更する。2011年10月30日完了予定	2011年10月30日

出所：筆者作成。

❺ フォローアップ

図表Ⅱ-11　指摘事項一覧（是正報告後）

報告日	監査テーマ	被監査部門	指摘事項	是正報告受領	是正内容	フォローアップ監査の要否	フォローアップ監査の結果	ステータス
2011年4月1日	購買プロセス監査	本社購買部	規程未更新	2011年5月7日	購買規程第X条は，新システムの職務分掌機能に合わせ「XXX」と改定した	否	NA	完
			承認遺漏	2011年4月17日	2011年4月15日付権限委譲届出承認済み	否	NA	完
			二重発行	未	未	要	未	未

出所：筆者作成。

　フォローアップの方法には，不備の重要度に基づき，軽微な不備に対し被監査部門からの書面による報告で完了とする場合と重要な不備に対し内部監査部門が是正状況を確認するフォローアップ監査を実施する場合がある。

　上記のフォローアップ制度の例示では，⑤の手続で完了させる場合が，軽微な不備に対するフォローアップの確認方法であり，重要な不備に関しては，⑥の手続によりフォローアップ監査を実施することになる。

3. フォローアップ監査

　フォローアップ監査の実施方法については，個別の監査業務として実施する場合と当該被監査部門に対する次回の内部監査実施時にあわせて実施する場合がある。多くの組織体では後者の対応をとる場合が多いと思われるが，個別の監査業務として実施が必要となるのは下記のような場合である。

- 不正や不適切な業務処理が発覚しこれの再発防止を目的に監査が実施された場合
- J-SOXなど法的要請への準拠が必要であり是正の確認に期限がある場合
- 内部監査人および内部監査部門のステークホルダーが，非常に重要度が高いと判断する場合　など

　次回の内部監査実施にあわせて行うフォローアップ監査では，当初の内部監査から数年が経過していることがある。この間にたとえば基幹システムが

更新されるなどして，コントロール自体が変わっている場合や新しく追加されたコントロールにより不備とされたコントロールの重要度が低下している場合もある。これら被監査部門の内部統制の環境変化を理解したうえで，フォローアップ監査を行うことが必要である。重要度が低下した不備の是正に固執するのは有効ではなく非効率でもある。

　長期間経過した場合には上記のような対応が必要になるものの，フォローアップ監査の実施時期が早ければ早いほどよいということにはならない。被監査部門からの是正完了報告の多くは，コントロールを再整備したことの報告であり，重要な不備であればある程，その運用状況を確認する必要があるからである。内部監査人は是正後の適切かつ十分な運用証跡を入手できる時期にフォローアップ監査を実施すべきである。

6 内部監査の品質評価

1. 品質評価の基準

　内部監査のデファクトスタンダードであるIIAの国際基準がその実施を求めていることが品質評価実施の最大の動機づけとなっている。本書の13ページ「④人的基準1300-品質のアシュアランスと改善のプログラム」で紹介したとおり，IIAの国際基準では，内部監査部門の有効性と効率性を評価し，改善の機会を識別するために，内部監査部門長の責務として，内部監査の全活動を網羅した品質のアシュアランスと改善のプログラムを策定しなければならないとしている。その評価基準は，IIAの「内部監査の定義」「倫理要綱」「国際基準」を想定している。本書では，品質のアシュアランスと改善のプログラムを「品質評価」と記述する。

　多くの組織体では，内部監査部門の体制・運営さらには内部監査の実施について，IIAの国際基準を基にした内部監査規程や内部監査マニュアルを策定している。したがって，IIAの国際基準を最も基本的な評価基準と捉えることに疑義はない。また，各組織体の内部監査規程や内部監査マニュアルには，その組織体の状況に即した内容が織り込まれており，それに準拠することは組織分掌規程などで規定された内部監査部門の責務であるから，評価基準に内部監査規程や内部監査マニュアルを含めることも必要である。

　さらに内部監査の有効性や効率性について，改善の機会を発見するためには，ベストプラクティスとの比較が有用であり，関連データが入手できればこれも評価基準に含めることが考えられる。また，内部監査のステークホルダーであるCEO，COO，CFO等の経営陣，取締役会や監査役等の内部監査

部門に対する期待を評価基準として捉えることも品質評価の目的に合致している。

上記のとおり，品質評価の評価基準については，デファクトスタンダードであるIIAの「国際基準」「内部監査の定義」「倫理要綱」をベースとし，組織体の判断で内部監査規程，内部監査マニュアル，ベストプラクティス，ステークホルダーの期待などを評価の基準に加えていくことになる。

また，㈳日本内部監査協会は，2010年3月に「内部監査の品質評価ガイド」（以下，品質評価ガイド）を公表した。「品質評価ガイド」では，IIAの「国際基準」「内部監査の定義」「倫理要綱」に加え，内部監査協会の「内部監査基準」も評価基準として取り上げている。「品質評価ガイド」第10章「日本内部監査協会内部監査基準とIIA国際基準の品質評価の実施」にて，両基準の取扱いについては，「日本内部監査協会の内部監査基準とIIAの国際基準の基本原則に差異はなく両基準は十分な整合性を保っているので評価実務上は1つの評価として実施することに大きな問題はない」との方針が記載されている。一方，両基準の〝微細な差異〟については同ガイドにまとめられた図表に従い，評価を実施することを推奨している。

また，「品質評価ガイド」ではIIA発行の「品質評価マニュアル」または同等なガイダンスとツールに基づき評価手続が決定されることを求めている。

内部監査は組織体任意の機能であり，その品質評価の方針，手続も任意のものであっても構わないが，実際の内部監査現場においては，IIAの「品質評価マニュアル」，日本内部監査協会の「品質評価ガイド」をベースとし，それに組織体固有の方針，手続を追加することが有効である。

2. 内部評価と外部評価

品質評価の種類として，その評価者の違いからIIAの「人的基準1300-品質のアシュアランスと改善のプログラム」では，内部評価と外部評価を遵守すべき手続としてあげている。内部評価は組織体内部の評価者によって行わ

6　内部監査の品質評価

れ，外部評価は組織体外の評価者によって行われる。さらに内部評価では継続的モニタリングと定期的レビューの2つの手続の実施が求められている。

　内部評価の継続的モニタリングは，内部監査の業務品質を維持・向上させるために日常業務に組み込まれた内部監査部門の統制活動であり，以下のような例示があげられている。

- 業務の監督
- チェックリストによる業務内容の確認
- 内部監査規程や内部監査マニュアル等に準拠しているかの確認
- 被監査部門やステークホルダーからのフィードバックへの対応
- 監査業務に参加していない他の内部監査人による調書のチェック
- 予算管理，業務時間管理，監査計画と監査実績の確認
- その他管理指標（サイクルタイムや改善提案の採用数など）の確認

　内部評価の定期的レビューは，内部監査部門員による自己評価または組織体内の他部署に所属する公認内部監査人やその他の適格者による評価である。「品質評価ガイド」では，IIAの「国際基準」「内部監査の定義」「倫理要綱」に対する適合性評価を主な評価要素としているが，組織体の判断で内部監査規程，内部監査マニュアル，ベストプラクティス，ステークホルダーの期待などを評価の基準として，追加することも考えられる。

　外部評価は，組織体外の適格にして独立した評価者により，最低でも5年に1度の頻度で実施されることが要請されている。組織体外の適格にして独立した評価者の要件は，品質評価ガイド第3部第7章「外部評価者選任時の留意事項」に下記のとおり記載されている。

〈評価者個人が保有すべき要件〉
- 「基準」の最新かつ深い知識を保有する，有能な公認された内部監査専門家である
- 専門職としてのベストプラクティスに精通している
- 内部監査の実務または関連するコンサルティングのマネージメントレベ

ルにおける少なくとも3年以上の最近の経験がある
〈評価チームリーダーが保有すべき要件〉
上記に加え，
- 外部品質評価のチームメンバーとして働いた経験
- IIAの品質評価トレーニング・コースまたは同様なトレーニングの修了
- 内部監査部門長または同等な内部監査部門のマネジメント経験

〈外部評価者の独立性の要件〉
- 実質的なまたは外観上の利害関係をもたず，対象となる内部監査部門の属する組織の一部または支配下でないこと

　「品質評価ガイド」における外部評価者の適格要件は，具体的かつ詳細なものであり，これに準拠可能な外部評価者／組織は多くない。同ガイドの第4部第3章「適格な外部評価者の供給」において，上記要件を満たす評価者は高齢である場合が多いこと，また，米国での外部評価者のボランティア登録制度の例を示しながら，日本における同様制度の整備を期待しながらも，守秘義務の問題が生じることを検討課題としてあげている。
　外部評価者の十分な供給体制が整うまでは，内部監査部門長の判断において，比較・相対的に適格な外部評価者を選任することが実務的な対応となると考える。
　また，IIAの「専門職的実施の国際フレームワーク」では外部評価の方法として，"フル外部評価"と"自己評価と独立した検証"（SAIV:Self-Assessment with Independent Validation）の2つをあげている。フル外部評価は文字通り，外部の独立した適格者がすべての評価手続を実施するものであり，自己評価と独立した検証は，上述した内部評価の定期レビュー結果および評価プロセスを外部の独立した適格者が評価するものである。一般に自己評価と独立した検証の方が，評価コストが安いメリットがあるとされる。また，「品質評価ガイド」第2部第3章「品質評価の体系」図表3において，フル外部評価の主な評価要素を①「基準」，「内部監査の定義」，「倫理綱要」

への適合性評価，②内部監査部門の有効性と効率性の評価，③内部監査部門の改善の機会を明らかにすることとし，自己評価と独立した検証の主な評価要素は①のみとしている。「品質評価ガイド」における評価要素の違いは上記コストの差異に与える影響は大きい。

3. 評価結果の報告

　評価結果の報告は，CEOなど直属しているガバナンス/経営執行機関にすべきことは間違いないが，IIAの「実践要綱」1312-1 13（2011年1月1日社団法人日本内部監査協会発行「専門職的実施の国際フレームワーク」）では，「説明責任を果たし透明性を確保するため，内部監査部門長は，外部品質評価の結果を内部監査部門の様々なステークホルダー，たとえば最高経営者，取締役会および外部監査人などに伝達する。―略―」としており，「品質保証ガイド」では，内部評価の継続的モニタリングについては，「定期的に（年一度）最高経営者，取締役会，および監査役（会）に報告する」，内部評価の定期レビューと外部評価については，「評価結果は，速やかに最高経営者，取締役会，および監査役（会）に報告する」としている。

　とくに，守秘義務が生じるような評価結果が含まれない場合には，「実践要綱」1312-1 13にある「説明責任を果たし透明性を確保するため」という報告目的に沿って，内部監査部門のステークホルダーに広く報告すべきものと考える。

4. 評価結果の事例

　日本での評価事例がまだ少ないが，外部評価の結果，不備として以下のような項目があげられている。

① 「品質評価」が不十分

　品質評価に含まれる継続的モニタリング，内部評価の定期レビューさらには当該外部評価の実施・報告頻度が少ない，④と関連して継続的モニタリングの検証指標となるべきパフォーマンス測定指標が不足していることなどが含まれる。

② コンサルティング業務の記載が基本規程にない

　IIAの「内部監査の定義」からの逸脱である。組織体によっては，コンサルティング活動は実施していないので規程にも織り込んでいないとの意見もあるが，コンサルティングの意味を広義に捉え，被監査部門への改善提案やそのフォローアップを含めて認識すれば，コンサルティング活動を規程に織り込んでも支障はないはずである。

③ 監査領域におけるIT領域やITスキルが不十分

　組織体の内部監査部門に対するリソース配分の問題であるが，重要性が増すIT関連の監査業務に不足するリソースを内部監査補助者として，IT部門から支援してもらうことによって充足できるはずである。ただし，内部監査補助者の独立性の確認は必要である。

④ パフォーマンス測定指標の不足

　内部監査部門の業績を管理するための指標が設定されておらず，内部評価において求められている日常業務に組み込まれた内部監査部門の統制活動ができていない場合などが相当する。

⑤ 不適切なレポーティングライン

　CEO直属の位置づけにあるにもかかわらず，監査報告書の宛先が管理部門担当取締役であったり，取締役や監査役（会）への報告がまったくない場合などが相当する。

⑥　基本規程の定期的な見直しの未実施

　現内部監査規程が会社上場時に作成された後，10数年見直しが行われておらず，組織名などの基本的事項すら更新されていない場合なども散見される。

⑦　内部監査人の知識不足という被監査部門の認識

　被監査部門からのフィードバックによるいわば内部監査部門へのクレームであるが，実際，業務プロセス監査などの場合には，インタビューの大半が業務を理解するために使われることもあり，被監査部門の担当者からみれば，時間の無駄と感じることも多いと思われる。リソースの制約はあるが事前準備の重要性が再認識される指摘である。

⑧　不十分なリスク・アセスメントプロセス

　リスク評価に基づく，年度計画や個別監査プログラムの策定過程に不備があるとの指摘である。実際，年度計画の作成に際して，内部監査人の勘と経験に基づき，リスクが高い子会社や業務プロセスにより高い頻度で監査を計画し，監査チームにも多人数を配置しているが，それらが，制度として確立され，運用されていなければ不十分との指摘となる。

第Ⅲ部

これからの内部監査

1 内部監査の効率化

1. リスクと内部統制の一覧化

　各企業のガバナンス機関である取締役会，監査役会および執行責任を担う経営者は，自らの組織体のリスクの把握と内部統制の整備・運用状況に対するアカウンタビリティが増していることを痛感している。上場企業においては，2008年4月1日以降開始の事業年度より，金融商品取引法に規定された内部統制報告書の提出が義務づけられ，これに関する外部監査人の監査を受けることになった。企業のガバナンス/経営執行機関のリスクと内部統制に関するアカウンタビリティは，もはや任意の対応ではなく，法的要請となっている。

　ガバナンス/経営執行機関は，組織体のリスクと内部統制の整備・運用状況について，包括的かつ網羅的にこれを把握するシステムをもっているだろうか？　組織体の誰かから包括的，網羅的に報告を受けているだろうか？それなしに自らのアカウンタビリティを維持することは可能であろうか？

　ガバナンス/経営執行機関がそのアカウンタビリティを果たすためには，リスクと内部統制の現状を一覧できる部門別Risk & Control 一覧（**図表Ⅲ-1**）が必要ではないだろうか。

第Ⅲ部　これからの内部監査

図表Ⅲ-1　部門別 Risk & Control 一覧

Key Risk	所管執行部門						執行部門のモニタリング					独立機関のモニタリング	
	総務部	人事部	経理部	購買部	営業部	環境部	月次業績検討会	四半期部門長会議	CSR監査	コンプライアンス監査	安全環境監査	内部監査	J-SOX評価
〈コンプライアンスリスク〉													
公務員に対する贈収賄が発生するリスク	○	○								○	○	○	
×××のリスク		○			○					○	○		
〈業務プロセスリスク〉													
×××のリスク				○			○	○				○	○
〈財務報告リスク〉													
×××のリスク			○					○				○	○

出所：筆者作成。

〈部門別 Risk & Control 一覧の効果〉

- 取締役会，監査役会，経営者に組織体のリスクと内部統制の現状の一覧を提供する。
- 現状リスクの網羅性を確認できる。
- 不測の事態に遭遇した場合，組織体がリスクとして把握できているか否かの確認ができる。
- 現状コントロール，モニタリングの有効性について概観できる。
- 現状コントロール，モニタリングの効率性について概観できる。

上記の内，「現状コントロール，モニタリングの効率性について概観できる」ことは，とくに大きな効果と考える。

昨今の企業不祥事，不正を目の当たりにし，各企業がコンプライアンスを

1 内部監査の効率化

重視し，その逸脱がないよう各種監査を含めたモニタリング機能に資源配分を厚くすることは，ステークホルダーの要請に応えるためには当然である。しかしながら，企業がゴーイングコンサーンとして継続して存続していくためには，常に費用対効果の経営判断を下しながら，利潤を追求していかなければならない。COSOの内部統制フレームワークでいえば，財務報告の信頼性，事業活動にかかわる法令遵守のためだけに内部統制があるのではなく，業務の有効性および効率性の目的も忘れてはならないということである。組織体の全体のモニタリング機能の効率化を図りながら，被監査部門の負担を軽減し，組織体全体の業務の有効性・効率性を向上させる必要がある。

部門別Risk & Control 一覧を活用して，モニタリング機能の重複など非効率な状況がないかを確認し，是正が必要であれば，これを改め，部門別Risk & Control 一覧自体も常にUpdateしていくことが重要である。

たとえば，ある子会社で重大な贈収賄事件が発生した場合，その事件の後始末に注力した後，同様事件の発生が他の関係会社でも発生しないようグループ企業全体を対象としたコンプライアンス規程の制定と行動規範ハンドブックを作成し，全グループにその周知徹底を図るかもしれない。周知徹底の状況確認は，経営者にとって重要な関心事であるために所管する総務部にその確認の指示が行われる。総務部では各関係会社に周知徹底状況の確認書を提出させたものの，経営者に対して周知徹底がなされたことを明言できるほどの心証を確認書からでは得られない。総務部は，現地に出向いて周知徹底状況の確認を始める。こうして総務部所管のコンプライアンス監査が行われていく。

一方，その企業の内部監査部は，重大な贈収賄事件の発生を受けて，従来の内部監査手続のコンプライアンス関連手続に新しく制定されたコンプライアンス規程の遵守状況と行動規範ハンドブックの周知徹底状況を追加する。こうして，被監査会社からみれば，先月の内部監査の際にチェックされた行動規範ハンドブックの周知徹底状況を今月の総務部のコンプライアンス監査で同様に説明させられることになる。

第Ⅲ部　これからの内部監査

　こうした重複事例が起こる1つの要因として，内部監査部門の独立性がある。すなわち，総務部のコンプライアンス監査は執行部門のモニタリング機能であり，これとは別に執行部門から独立した内部監査部門の監査が行われるべきであるとの認識がその重複を放置している。

　経営者は，部門別Risk ＆ Control 一覧に執行部門のモニタリングと独立機関のモニタリングが二重に記載されている場合には，そのモニタリングの具体的内容について，無駄な重複がないか確認させる必要がある。上記事例の場合，経営者の指示に基づき，内部監査部と総務部は以下のいずれか調整を行うかもしれない。

- 関係会社での行動規範ハンドブックの周知徹底状況の確認は内部監査部の内部監査で確認し，総務部は現地確認を行わない。ただし，リスクが高い関係会社のみ総務部担当者が内部監査部の監査チームの一員として現地確認に参加する。
- 関係会社での行動規範ハンドブックの周知徹底状況の確認は総務部が行い，内部監査部は総務部の確認の妥当性を確認する。
- 行動規範ハンドブックの周知徹底状況の確認は，経営者が最優先と考える喫緊の経営課題であるため，総務部・内部監査部が同時並行で監査を実施する。その際，リスクが高い関係会社は独立機関である内部監査部の監査対象とし，リスクが低い関係会社は総務部による執行部門のモニタリング対象とする。

　経営者は，部門別Risk ＆ Control 一覧を基に，モニタリング機能を含め非効率な内部統制が放置されていないか監督し，内部監査部門を始めとするモニタリング機能を所管する部門は，相互のモニタリング機能に無駄や重複がないか調整し，具体的なモニタリング内容を確認しながら組織体全体としての効率性を追求すべきである。その際，監査の独立性をどのように維持するかの有効性への配慮も忘れてはならない。

❶ 内部監査の効率化

2. 統合内部監査

　前述した部門別Risk & Control一覧の活用により組織体全体のモニタリング機能の無駄や重複が調整されても，組織体内には複数のモニタリング機能が存在する。本項においては，複数のモニタリング機能の対象となる被監査部門の負担の軽減を図ることを主眼においた統合内部監査について概説する。統合内部監査の統合には2つの意味がある。1つは多種多様な監査業務を統合することであり，もう1つは，従来からある監査/モニタリングの手法であるCSA（Control Self Assessment：統制の自己評価）やリスクアプローチ等を統合して活用することである。そしてその統合の目的は，統合することによって，より効率的な監査機能の実現を目指すことである。

(1) 被監査会社/拠点の現状

　われわれ，PwCではさまざまな内部監査関連サービスを提供させていただいているが，そのなかでもアウトソーシングやコソーシングといったサービス形態で海外関係会社の内部監査を支援する機会が多い。最近，被監査会社の方から，異口同音にお聞きするのは，監査関連業務に時間をとられ，通常業務に支障をきたしつつあるとの声である。監査には，法定のものや任意のもの，社内の監査人が実施するものや社外の監査人が実施するものなどさまざまであるが，それぞれがそれぞれの監査計画に基づき，個別に監査を実施していることが，被監査会社に負担増をもたらす根本的な原因となっている。

　一般的な上場企業では，内部監査，品質保証監査，安全環境監査，コンプライアンス監査，CSR監査，事業部監査，J-SOX経営者評価などの社内の監査が行われている。各企業は，それぞれの経営方針や経営環境あるいは法令にしたがって，必要な監査を実施している。監査を担当する部署もさまざまであるが，これら任意監査の所管部署間の調整を会社全体として包括的に行

第Ⅲ部　これからの内部監査

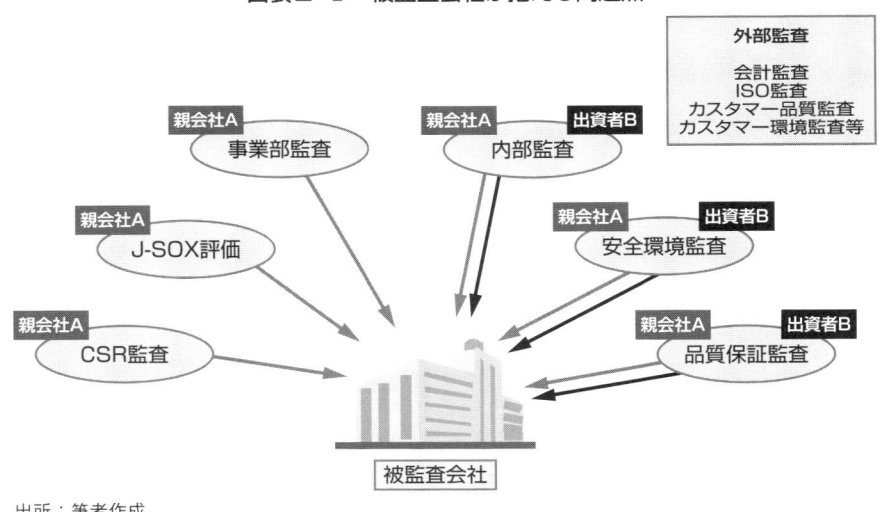

図表Ⅲ-2　被監査会社が抱える問題点

外部監査
会計監査
ISO監査
カスタマー品質監査
カスタマー環境監査等

親会社A　事業部監査
親会社A　内部監査　出資者B
親会社A　J-SOX評価
親会社A　安全環境監査　出資者B
親会社A　CSR監査
親会社A　品質保証監査　出資者B

被監査会社

出所：筆者作成。

う機能がない場合が多い。

　さらに，上場会社では，会計監査，内部統制監査，カスタマー監査，ISO資格認証機関の監査など社外の監査人によって行われる監査があり，これらの監査は，法令で要求されるもの，あるいは，資格認証を継続するために必要なものであるが，監査を受ける側の状況によって，監査の範囲や対象，実施時期などを変えることができないのが普通である。

　こうして，包括的な調整機能をもたない社内の監査が複数実施されるなか，社外の監査人による監査が行われており，被監査会社／拠点の負担は，その事業内容の重要度に比例して増加していく。

　また，海外現地資本とのJ/Vである海外関係会社では，日本側の監査だけでなく，現地資本側も監査をすることから，被監査会社の負担がさらに増加し，われわれの耳にもその負担増を嘆く声が聞こえてくる。

　重要なモニタリング機能の1つである内部監査業務自体の効率化を図りな

1 内部監査の効率化

がら，被監査部門の負担を軽減し，会社全体の業務の有効性・効率性を向上させる必要がある。

(2) 効率化のためのStep1―内部監査業務のOne Window化

それぞれの内部監査業務には，監査ごとの専門性が必要であるため，1つの部門がすべての監査業務を担おうとすると，その部門の陣容は肥大化し，現実的な対応とはいえない。通常，監査ごとに所管部署が異ならざるを得ないのも，むしろ人的資源の効率的な配置という観点からは，現実的な対応の結果ともいえる。たとえば，コンプライアンス監査を所管する総務部，安全環境監査を所管する安全環境部，CSR監査を所管するCSR部，品質保証監査を所管する品質保証部，事業部監査を所管する事業部企画室，業務監査などの狭義の内部監査を所管する内部監査部などの各部署が，それぞれの分掌業務の1つとして監査業務を担当している。監査業務そのものが主たる業務である内部監査部以外の部署では，監査業務だけを専門に行うスタッフは稀で，年間のある期間のみ，監査業務に従事する。これらの部署においては，監査業務の比重は低く，監査専門スタッフを配置することはない。

こうして異なる部署が各監査業務を所管することになる。しかしながら，所管部署は異なろうとも，会社全体の監査業務の効率化を図るために，社内の監査業務の交通整理を行い，監査業務全般の「窓口」となる部署があればどうであろうか？　監査業務を効率化し，被監査会社や被監査部門の負担を軽減する第一歩となり得ないだろうか？

この役割を担う部門として，内部監査部門があげられる。内部監査部門は，前述したとおり，会社内のどの部署よりも，監査業務そのものを主たる分掌業務としているため，監査業務遂行のための資格を具備し，監査手続に関する知識と経験が最も蓄積されている部署である。「窓口」といっても，社内の監査業務全般の効率化を担う重要な役割であり，その責任に対応するためには監査に関する専門知識と能力が要求される。「窓口」としての内部監査部門が担う役割は，後述する統合CSAの開発・導入，リスクアプローチに

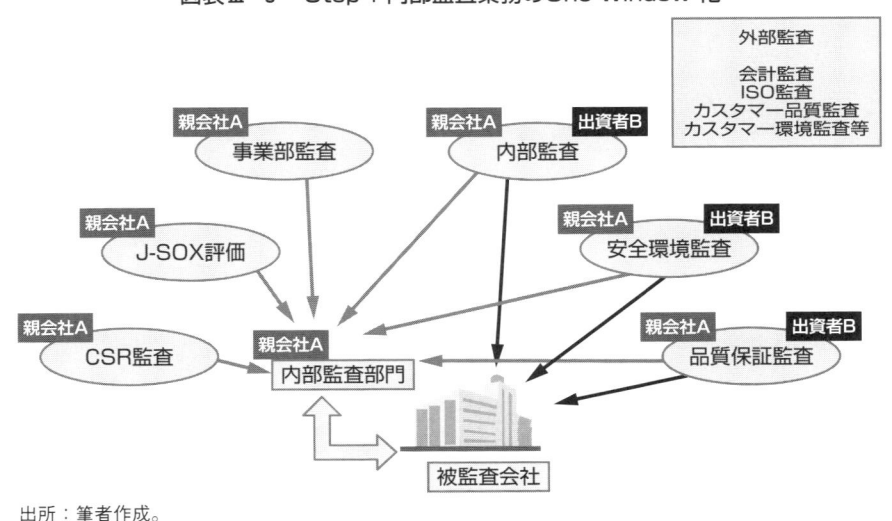

図表Ⅲ-3　Step1　内部監査業務のOne Window化

出所：筆者作成。

基づく統合監査計画の策定，混成往査チームの編成などである。

　内部監査部門が，会社の監査の効率化のために中心的な役割を担うことは，従来の職務分掌の大きな変革となるかもしれない。その変革には経営層の理解とコミットメントが必要である。従来に比し重要度が増す内部監査部門の役割を社内外に明示するとともに，その業務遂行に必要な資源を内部監査部門に投入する経営判断が必要となる。

(3) 効率化のためのStep2──統合CSAの開発

　CSA（Control Self Assessment：統制の自己評価）は，1980年代にカナダの資源会社で始まった内部統制の自己評価手法である。この会社では，所謂ワークショップ方式でCSAを実施したようだが，その後，チェックシート方式によるCSAが広まり，日本の企業において，CSAといえばチェックシート方式を想定する場合が多いと思われる。

　このCSAにさまざまな監査のチェック項目を盛り込み，1つのCSAで各

① 内部監査の効率化

監査のリスク評価を一度に行えるようにしたものが統合CSAである。

統合CSAを作成しようとする際，最初に直面する問題は各監査の監査手続が各所管部署のバラバラの様式に記載されており，チェック項目の記述方式も統一されていないことである。作成担当者は各監査手続から何百ものチェック項目を移し替え，どの監査のチェック項目であるかを認識できるようにしながら，同類のチェック項目に分類し，その重複を排除していかなければならない。また，完成後は新規項目の追加や既存項目の修正・削除といったメンテナンスも必要となる。

統合CSAを効率的に開発するための方法として，文章で記載されたチェック項目を最小限のコントロールを示す統制要素に分解し，この統制要素をデータベース化することが考えられる。以下にその開発手順を説明する。

図表Ⅲ-4　統合CSAの開発手順

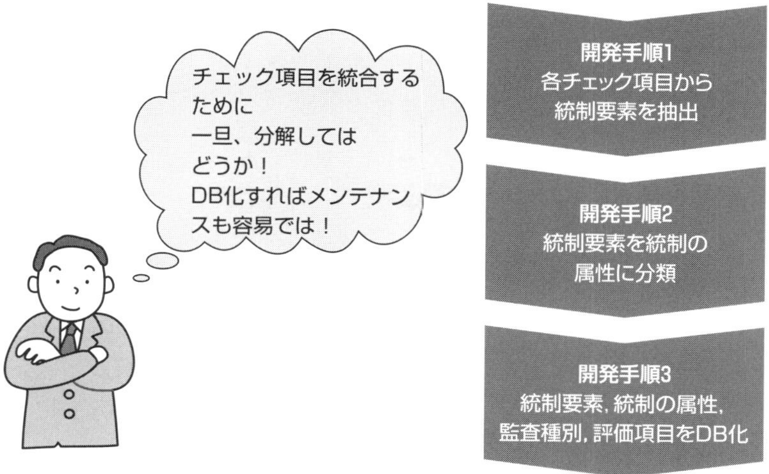

（チェック項目を統合するために一旦、分解してはどうか！DB化すればメンテナンスも容易では！）

開発手順1　各チェック項目から統制要素を抽出

開発手順2　統制要素を統制の属性に分類

開発手順3　統制要素，統制の属性，監査種別，評価項目をDB化

出所：筆者作成。

第Ⅲ部　これからの内部監査

図表Ⅲ-5　統制の属性の例示

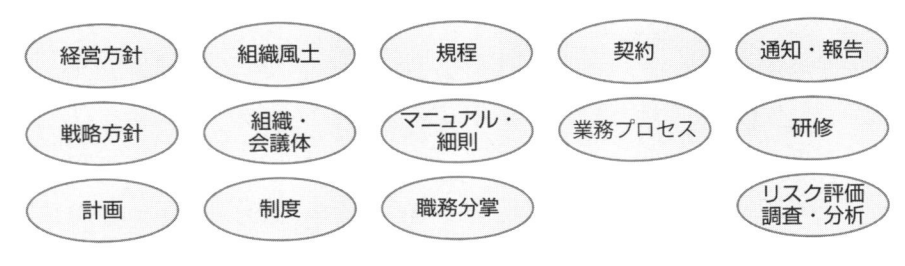

経営方針　組織風土　規程　契約　通知・報告
戦略方針　組織・会議体　マニュアル・細則　業務プロセス　研修
計画　制度　職務分掌　　リスク評価調査・分析

出所：筆者作成。

開発手順1　各チェック項目から統制要素を抽出

　統制要素は，統制のなかにある最小単位のコントロールと定義する。たとえば，「『企業憲章』は，グループ会社の役員・従業員・社外の第三者が閲覧できるよう，ホームページ上で掲載しているか」といったチェック項目の場合，統制要素は『企業憲章』になる。

開発手順2　統制要素を統制の属性に分類

　統制の属性は，
　① 同種の性質を有している統制要素の集合
　② 同一の評価項目により評価可能な統制要素の集合
によって定義し，統合CSAの評価項目を決定するキーファクターとなる。たとえば，前述した統制要素の『企業憲章』は，企業経営における大きな方向性を示す方針といえるので，この統制の属性は『経営方針』という属性に区分する。COSOの内部統制フレームワーク等を参考に以下のような統制の属性を想定する。

　各「統制の属性」は，内部統制に関する下記の要点を有しており，その要点を確認する手続が統合CSAの評価項目となる。

❶ 内部監査の効率化

図表Ⅲ-6　統制の属性の要点

属性	要点
経営方針	誠実性と倫理的価値観をベースにした行動基準その他の方針が組織内に周知されていることを確認する。 ・組織体が正式に定めた方針には，経営者が何を望んでいるかが具体的に示されているか ・方針からの重大な逸脱については，懲戒処分が行われ組織構成員に公開されているか
戦略方針	経営方針等を実現するために，組織体が行うべき戦略・ミッションが組織内に周知されていることを確認する。
計画	組織体の目的や主要な戦略と各事業計画の整合性を確認する。 ・目的と戦略は明確に示されているか ・目的を達成するため十分なリソースが配分されているか ・計画の策定にすべての階層の管理者が関与しているか ・計画は適切な階層の経営者により承認されているか ・リスクテイクの度合いは適切か
組織風土	誠実性と倫理的価値観が経営者の姿勢・言動により組織内に浸透し，組織のステークホルダーとの関係にも反映されていることを確認する。 ・非現実的な業務目標の達成を求める圧力が存在しないか ・取締役会や監査役会は健全な組織風土を確かめるための措置を講じているか
組織・会議体	組織構造，責任者の役割，報告関係などの適切性を確認する。 ・事業活動を管理する上で必要な情報を提供できているか ・責任者の責務は十分に規定され，また責任者自体が自己の責務を十分に理解しているか，責務遂行のための権限は適切か ・責任者および他の構成員は，それぞれの責務を果たす上で十分な知識と経験を有しているか，構成員の人数は十分か ・独立性が必要な組織（取締役会，監査役会，内部監査部門など）の独立性は確保されているか ・内部／外部環境の変化に応じて組織構造の見直しが行われているか
制度	組織体の諸制度（人事評価制度，ボランティア休暇制度など）が，組織体の方針に基づいて整備・運用されていることを確認する。 ・人事評価制度は経営者が組織構成員に何を期待しているかを明確にしているか
規程	事業活動に必要とされる方針と手続が文書化され，文書化された統制活動が適切に運用されていることを確認する。

項目	内容
マニュアル・細則	事業活動に必要とされる詳細な手続が文書化され，文書化された統制活動が適切に運用されていることを確認する。
職務分掌	誤謬又は不適切な行為が発生するリスクを低減するために職務が複数の人間で分担・分離されていることを確認する。 ・取引を承認する者／取引を記録する者／取引に関連した資産を扱う者は分離されているか ・組織構成員は自己の責務を効果的に伝達されているか
契約	適切な情報に基づき，経営者が契約条件を監視していることを確認する。 ・必要に応じて法律専門職のレビューを受けているか ・組織体のリスクを低減する雛形があり，変更する場合の承認手続が整備・運用されているか
業務プロセス	主要な業務プロセスは，文書化された方針と手続に基づき運用されていることを確認する。 ・重要な業務プロセスは組織体の活動レベルの目的を果たすよう整備・運用されているか ・業務プロセスの遂行のための十分なリソースが配分されているか
通知・報告	効果的な情報伝達が，組織の上層から下層へ，横方向へ，そして下層から上層へ，また，組織外部との間で行われていることを確認する。 ・組織体の目的との関連において業績評価の報告が経営者に対し行われているか ・すべての経営管理者が自己の責務を遂行するために必要な情報が適時・十分に提供されているか ・機密情報や不適切な行為に関する情報は適時，適切に経営陣・取締役会・監査役会等に伝えられているか ・地理的に離れた事業所と本社の意思疎通は適切か ・内部通報制度は有効に整備・運用されているか ・ステークホルダーからの情報を経営者は適時受け入れ，対応しているか ・日常的監視活動の結果を適時・適切に関係者に報告しているか
研修	組織体の目的を達成するために必要な研修が承認，実施されていることを確認する。
リスク評価調査・分析	リスクの外部／内部要因が分析・調査され，組織の適切な関係者に報告されていることを確認する。 ・組織体の目的に影響を与える事象・活動を予想・識別する仕組みがあるか

出所：鳥羽・八田・高田訳（1996）を参考に作成。

❶　内部監査の効率化

開発手順3　統制要素，統制の属性，監査種別，評価項目をDB化

　データベースの作成が可能な市販パッケージのアプリケーションを利用して，統制要素，統制の属性，監査種別，評価項目をデータベース化する。評価項目は前述の統制の属性の要点を評価する内容となる。

(4) 効率化のためのStep3―リスクアプローチの導入

　リスクの洗い出しを行いその重要度によって対応方針を決めていくリスクアプローチは，監査手法に用いられているのみならず，リスクマネジメントとして，企業活動のあらゆる面に広く浸透している考え方である。企業活動を取り巻くさまざまなリスクを洗い出し，リスクの重要度を評価し，重要度の高いリスクから優先的に対応を図ることが基本的なコンセプトとなる。統合内部監査においても，この基本的なコンセプトを導入し，限られた監査資源を効率的に配分する手続を踏むことが有効である。具体的には，前述した統合CSAにリスク評価機能を織り込むこと，そのリスク評価結果に基づき，往査計画やその他の追加的なモニタリング対応策を検討することなどである。

　前述した統合CSAのリスク評価欄をどのように整備・運用していくかがキーポイントである。たとえば，被評価者の一次評価は評価点を選択する方式とし，その平均値や合計値をリスク評価結果として，「高」「中」「低」の3段階で示す。各監査の所管部門担当者が行う二次評価は，最も簡便な手法をとるのであれば，評価基準はたとえば次のように定め，同じく結果を「高」「中」「低」の3段階で示す。

　「高」：評価項目に関連する重大なリスクが存在するにもかかわらず，そのリスクを低減する体制，制度，規程等が存在しない。
　「中」：評価項目に関連する重大なリスクが存在し，そのリスクを低減する体制，制度，規程等の整備・運用の一部に不備があるため，リスクを十分に低減していない。
　「低」：評価項目に関連する重大なリスクは，それを低減する体制，制度規程等が整備・運用され，十分に低減されている。または，評価項目

に関連する重大なリスクは存在しない。

統合CSAでは，前述したとおり，執行部門である被評価者が一次評価する欄と各監査を担当する評価者が二次評価を行う欄を設ける。二次評価者は，被評価会社や被評価部門を取り巻くリスクの状況，体制，制度，規程類の整備・運用状況を客観的な視点で先入観なく，評価することが必要であり，最終的なリスクの重要度は二次評価者が決定すべきである。

統合CSAのリスク評価結果を基に，監査計画やその他の追加的なモニタリング策を立案することが必要となる。

図表Ⅲ-7は，統合CSAのリスク重要度の評価結果を基に，立案した往査計画の例である。どの関係会社に，どのようなリスクがあり，どの程度の重要度なのかをプロットして，往査の頻度を決定している。このように往査の頻度を決定するためには，「統合内部監査規程」にて，具体的な手続を規定する必要がある。統合CSAの個別リスク（高・中・低）を点数化し，その点数の集約値を基に，対象監査ごとの総合評価（高・中・低），会社単位の総合評価（高・中・低）を決定し，往査の頻度と度合いを決めることになる。

効率化のためのStep2-統合CSAの開発とStep3-リスクアプローチをアプリケーションソフトで統合し，効率化を図ることも有用である。統合CSAの被監査部門の自己評価→各監査の所管部門の二次評価→被評価部門/会社単位のリスク評価→往査頻度の決定の流れを機能として組み込むものである。

図表Ⅲ-7 リスク評価結果と往査頻度

	内部監査		コンプライアンス		J-SOX		品質保証		安全・環境		会社単位 総合評価	往査計画
	XXXXX	XXXXX	XXXXX	XXXXX	XXXXX	XXXXX	XXXXX	XXXXX	XXXXX	XXXXX		
A社	高	中	高	高	高	高	中	中	高	中	高	毎年
B社	高	高	高	高	中	高					高	毎年
C社	中	中	高	中	中	中	低	低	中	中	中	2年
D社	中	低	中	中	中	中	低	中	中	中	中	2年
E社	低	低	高	高	中	中	低	低	中	中	中	2年
F社	低	低	中	低	中	低	中	低	低	低	低	3年
対象監査毎総合評価	中		高		中		低		中			

出所：筆者作成。

❶ 内部監査の効率化

図表Ⅲ-8 統合内部監査システム化事例

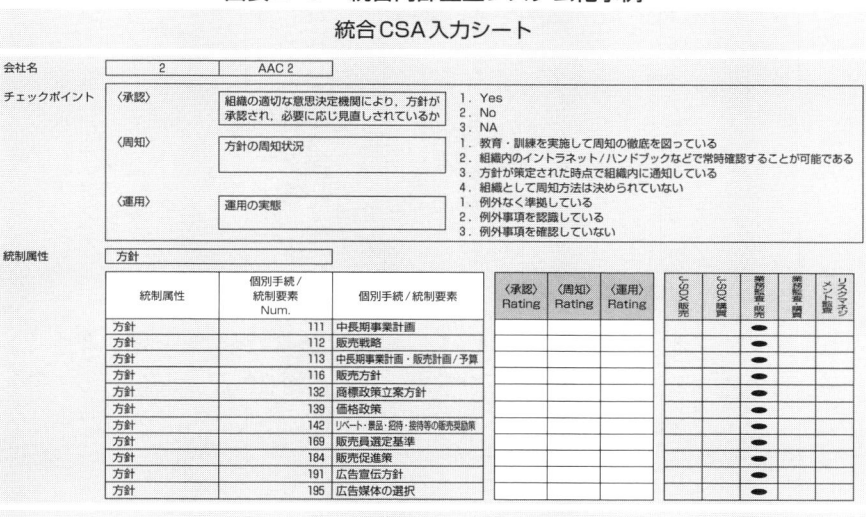

統合CSA入力シート

会社名	2	AAC 2		
チェックポイント	〈承認〉	組織の適切な意思決定機関により、方針が承認され、必要に応じ見直しされているか		1. Yes 2. No 3. NA
	〈周知〉	方針の周知状況		1. 教育・訓練を実施して周知の徹底を図っている 2. 組織内のイントラネット/ハンドブックなどで常時確認することが可能である 3. 方針が策定された時点で組織内に通知している 4. 組織として周知方法は決められていない
	〈運用〉	運用の実態		1. 例外なく準拠している 2. 例外事項を認識している 3. 例外事項を確認していない
統制属性	方針			

統制属性	個別手続/統制要素 Num.	個別手続/統制要素	〈承認〉Rating	〈周知〉Rating	〈運用〉Rating	J-SOX販売	J-SOX購買	業務監査販売	業務監査購買	リスクマネジメント監査
方針	111	中長期事業計画						●		
方針	112	販売戦略						●		
方針	113	中長期事業計画・販売計画/予算						●		
方針	116	販売方針						●		
方針	132	商標政策立案方針						●		
方針	139	価格政策						●		
方針	142	リベート・景品・招待・接待等の販売奨励費						●		
方針	169	販売員選定基準						●		
方針	184	販売促進策						●		
方針	191	広告宣伝方針						●		
方針	195	広告媒体の選択						●		

会社別サマリー

| 会社名 | AAC 2 |
| 年度 | |

統制属性 Num.	統制属性	承認	周知	運用	Overall	J-SOX販売	J-SOX購買	業務監査販売	業務監査購買	リスクマネジメント監査	会社別総合判定	往査頻度の目安
100	方針	L	L	L	L			L	L			
200	組織風土		M		M			M	M			
300	組織・会議体	L	M	L	L			L	L			
400	制度	L	M	M	M			M	M			
500	規程	H	H	H	H			H	H	H		
600	職務分掌	L	L	L	L			L	L			
700	計画	L	L	L	L			L	L			
800	研修	L	L	L	L							
900	社内通知・報告		L	H	M			M	M			
1000	契約	L		H	M			M	M			
1100	調査・分析		L	M	M			M	M			
1200	マニュアル・細則・社内文書	H	H	M	H	H		H	H			
2000	業務プロセス	H	L	M	M	M	M	M	M			
	一次評価結果(Overall)					M	M	M	M	M	M	3年ごと
	二次(監査所轄部門)評価結果(Overall)					M	M	M	H		M	3年ごと

グループサマリー

| 年度 | |

AREA	会社名	評価者区分	J-SOX販売	J-SOX購買	業務監査販売	業務監査購買	リスクマネジメント監査	会社別総合判定	往査頻度の目安
	AAB1	一次評価結果(Overall)	L		L	L	L	L	任意
		二次評価結果(Overall)			M	L	L	L	任意
	AAC2	一次評価結果(Overall)	M	M	M	M	M	M	3年ごと
		二次評価結果(Overall)	M	M	M	H	M	M	3年ごと
	AAD3	一次評価結果(Overall)	L	M	H	H	H	H	毎年
		二次評価結果(Overall)	L	M	H	H	H	H	毎年

出所：筆者作成。

(5) 効率化のためのStep4—混成往査チームの編成

統合内部監査の導入目的は，本書の97ページで記述したとおり，被監査会社の負担軽減を図るため，多種多様な監査を効率的に運用することにある。往査は，各監査を行う所管部門からメンバーを選出した混成往査チームが実施することによって，被監査会社の負担を軽減できる。被監査会社は，一度に複数目的の監査を受けることになり，経営者へのインタビュー等，各監査目的に共通する手続を一度で済ませることができる。

往査チームは，図表Ⅲ-7に記載した「対象監査ごとの総合評価」が「高」の所管部署を中心に監査メンバーを選出する。同総合評価が「中」の所管部署からの依頼による監査代行も考慮しながら，時間的・コスト的に効率的なチーム編成を行う。

(6) 効率化のためのStep5—J/Vにおける監査の統合

本書の97～99ページ「(1)被監査会社/拠点の現状」で記述したとおり，とくに海外のJ/V関係会社では，現地出資者側も親会社である日本企業と同様に各種監査を実施する必要があり，被監査会社の負担は100％子会社より重くなることがある。日本企業に限らず，グローバル企業で監査業務が増加傾向にある今日，監査の効率化にはパートナー間の協力体制が必要となってきている。

今後J/V契約を締結する際，または既存のJ/V契約を見直す際に，下記のような事項を織り込むことを検討することも有効である。

① 出資比率が50％以上のJ/V
- 監査を出資者間で年次輪番制とする
- 監査結果を出資者間で共有する

② 出資比率が50％未満のJ/V
- 監査権限の条文化

❶ 内部監査の効率化

　海外鉱山に出資する場合や大規模化学プラントに出資する場合など，出資比率は低くても，その資産価値が巨額になることは多い。支配権をもつ現地出資者の理解が得られず，監査を実施することがまったくできない状況を避けるためにもJ/V契約書であらかじめ監査権限を条文化しておくことは有用であると思われる。

(7) まとめ

　以上，被監査会社の現状を出発点とした統合内部監査のコンセプトとその主な手法について記述してきた。統合内部監査は，多種多様な監査業務を統合すること，CSAやリスクアプローチなど従来からある内部統制手法を統合して活用すること，あるいは，J/Vの出資パートナーと監査業務を統合することなど，多面的に内部監査業務を統合していくことを目指すアプローチである。そして，その統合のためのイニシアチブを発揮すべき部門として，内部監査部門を想定している。

　統合内部監査の導入にあたって，内部監査部門は次の役割を担うことになる。

① 統合CSAの開発
② 統合CSAの配付，回収手続
③ 統合内部監査マニュアル案の策定
④ リスクアプローチに基づく往査計画のとりまとめ
⑤ 混成往査チームの編成
⑥ 監査結果報告書のとりまとめ

　上記②の統合CSAの配付，回収手続におけるリスクの二次評価や，⑥の監査結果報告書のとりまとめにおける各監査単位の報告書は，その監査の所管部門が担う。

　統合内部監査の導入・運用には，内部監査部門の強力なリーダーシップの発揮と，それをサポートする経営層のコミットメントが必要である。

2 内部監査機能の改善

1. 機能改善のための課題整理

　内部監査部門が設立され，IIAの国際基準などを基にその組織・機能の整備がある程度進んだ段階においても，内部監査機能の組織内の認知度が低く，内部監査機能に対する期待や評価も同様に低い場合がある。設立後間もない場合には，たとえば，内部監査部門をCEO直轄の組織に変更するとか，年度計画の前にリスク評価を行うなどそれまでにもっていなかった組織形態・機能をIIAの国際基準に準拠していくことで整備が進むため，その分改善していることを自他ともに認識できる。しかしながら，ある程度整備が進んだ段階でも以下のような声が聞かれる場合がある。

- 内部監査部門の報告は会社にとって一番重要な事項にまったく触れていない
- 経営層が考えているリスクをカバーした監査テーマになっていない
- 内部監査部門は業務部門から独立しているというより浮いている感じ
- 世界的なビジネス拡大のスピードに内部監査機能がついていけていない
- ビジネス拡大にともない，内部監査のコストが膨らんでいる
- 内部監査にITをまったく利用していない

　こうした声への対応は，組織・機能の整備の課題というよりは，運用の課題と認識すべきである。運用の改善を図るためには，他のビジネス分野と同様に課題を整理分類し，分類した要素ごとに対応方針を固めるべきであろう。**図表Ⅲ-9**は整理分類のための例示である。

第Ⅲ部　これからの内部監査

図表Ⅲ-9　内部監査機能改善の8つの主要属性-5つの構成要素に分類

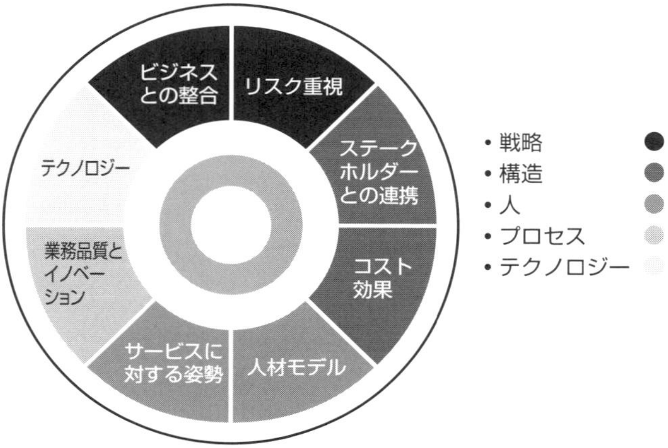

（図：ドーナツ型の円グラフ。8つの属性「ビジネスとの整合」「リスク重視」「ステークホルダーとの連携」「コスト効果」「人材モデル」「サービスに対する姿勢」「業務品質とイノベーション」「テクノロジー」が配置されている。凡例：・戦略　・構造　・人　・プロセス　・テクノロジー）

出所：PwCの資料をもとに作成。

　まずは，内部監査機能を「戦略」「構造」「人」「プロセス」「テクノロジー」の5つの構成要素として捉える。要素ごとに内部監査機能の改善に必要な属性は何であるかを8つの属性として例示している。「戦略」においては，ビジネスをより深く理解し，日々変化し続けるビジネス環境との整合を図ること，その際に，組織が直面している最新のリスクをベースにすること，それを可能とするリスク評価機能を強化することが重要であると考えた。「構造」においては，内部監査部門のステークホルダーである取締役会，監査役会，CEOとの関係再構築による連携の強化と拡大する一方の内部監査のカバー範囲に対し，いかに効率化を進め，コスト対効果のバランスをとるかが重要である。「人」においては，内部監査部門の業務提供の姿勢をあげている。準拠性の監査では無論，不備や欠陥を指摘することになるが，内部監査人の姿勢としては，それでも被監査部門の改善のためにサービスを提供しているとの意識をもつことが必要である。また，組織の内外から，魅力的な部門であると認識されるには，内部監査人の教育，キャリアパスに関する人材モデ

② 内部監査機能の改善

ルを策定する必要がある。「プロセス」においては，業務品質を向上させるための評価手続きを有効なものにしていく必要があり，評価結果に基づき，プロセスの改善（イノベーション）を図る必要がある。「テクノロジー」においては，最新のITツールをどのように内部監査に取り込んでいくかが大きなテーマとなる。

2. 改善の実例

PwCでは，世界各国で内部監査機能改善の支援をさせていただいている。以下に海外の内部監査における機能改善の事例を参考に，内部監査の機能ごとの改善案を提起したい。

事例1　戦略に関する改善

A社は，世界的に有数の消費財小売業である。内部監査部門には100名超が所属している。内部監査機能の価値が著しく低下していることが課題であった。

とられたアクションは，会社の戦略，事業目的，リスクと内部監査計画に整合性をもたせるための新しいリスク評価アプローチを採用することであった。会社の最上位のステークホルダーである株主の価値は，事業戦略やビジネスそのものの不備・失敗によってその多くが毀損していた。しかしながら，従来の内部監査計画では，戦略やビジネスそのものを対象とした内部監査ではなく，財務・会計やコンプライアンスに関する内部監査により多くのリソースを投入してきた。これにより，内部監査部門の監査報告ではまったく触れられない事業戦略・ビジネスそのものの失敗で，株主の価値が毀損することが続き，徐徐に内部監査の組織内での価値は低下していった。

新しいリスク評価では，株主価値を毀損するリスクが戦略・ビジネス

113

そのものに関するものであるならば、そのリスクを低減するガバナンス、リスクマネジメント、コントロールを対象に監査を実施することにした。

　従来のリスク評価においても、ステークホルダーへのインタビューでは、事業戦略、ビジネスそのものに関するリスクはあげられていた。しかしながら、それらは内部監査の対象として馴染まないとの判断が働き、内部監査計画に織り込まれることが少なかった。これらリスクには、たとえば、A工場建設プロジェクトが計画通り進捗するか否かに関するリスク、B国に営業拠点を設置し、新規市場を開拓するための投入コストの適切性に関する懸念などが含まれる。こうした会社の高位の意思決定の適切性や妥当性を判断する内部監査を実施するためには、その意思決定者と同等以上の業務知識がないと難しい。これが、リスク評価から内部監査計画に落とし込む過程で事業戦略やビジネスそのものに関するリスクに対応する監査テーマが抜け落ちる最大の要因である。

　新しいリスク評価では、この点に関するマインドリセットを行い、リスクが高い分野により多くの監査資源を投入するというリスク評価本来の機能に立ち返った。これにともない当然のことながら、内部監査部門は事業内容のより深い理解が必要となったが、これを克服した同社では、株主を始めとするステークホルダーが最も懸念する分野を監査対象とし、ステークホルダーの期待に応えることが可能となった。

事例2　構造に関する改善

　B社は、世界的に知られた通信事業会社である。内部監査部門には100名超が所属している。課題は、グローバルかつ低コストでの活動が要求され、内部監査部門をどのように再構築するかである。

　とられたアクションの1つは、世界の主要拠点に内部監査人を配置することである。本社にのみ内部監査人を配置していた組織を地域分担型に変更した。これにより、より地域に特化したリスクに対応した内部監

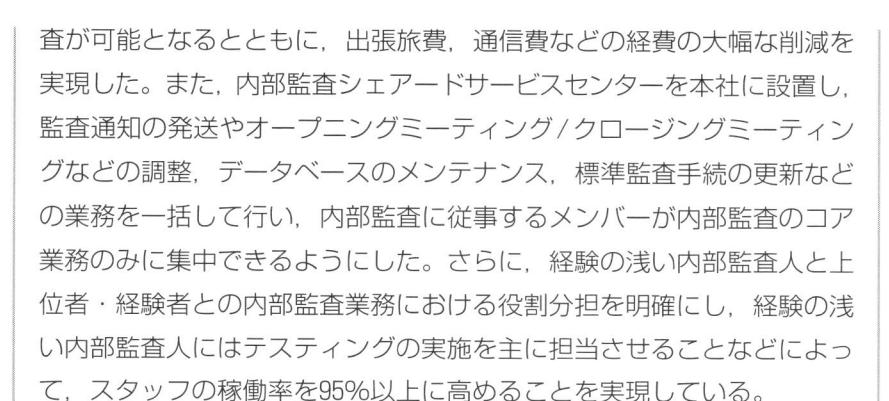

査が可能となるとともに，出張旅費，通信費などの経費の大幅な削減を実現した。また，内部監査シェアードサービスセンターを本社に設置し，監査通知の発送やオープニングミーティング／クロージングミーティングなどの調整，データベースのメンテナンス，標準監査手続の更新などの業務を一括して行い，内部監査に従事するメンバーが内部監査のコア業務のみに集中できるようにした。さらに，経験の浅い内部監査人と上位者・経験者との内部監査業務における役割分担を明確にし，経験の浅い内部監査人にはテスティングの実施を主に担当させることなどによって，スタッフの稼働率を95％以上に高めることを実現している。

　内部監査シェアードサービスサービスセンターの設置は，単に事務的処理の集中化に留まらない。グローバル企業の内部監査組織の運営形態には，従来から本社集中型と地域分担型があった。本社集中型が，同じリスク認識に基づき，同等の監査品質で世界中のグループ企業の監査が可能となる反面，出張旅費を始めとした高コストが問題となっていた。一方，地域分担型は，地域特有の外部環境，法・会計制度，商習慣から派生するリスクに対応する内部監査を実施し，コスト効率が相対的に高い反面，地域内部監査部門ごとにリスク認識が異なったり，監査手続きが独自のものとなり，グローバル企業として求められる監査品質の一貫性を維持することが困難となる場合が多かった。

　内部監査シェアードサービスセンターは，上述した従来の地域分担型運営形態の短所を補う役割もある。本社の内部監査部門長が最終判断したリスク評価，それに基づく内部監査計画，監査品質を維持するための標準監査手続は，内部監査シェアードサービスセンターがメンテナンスを担当するデータベースに保管される。地域に分散した内部監査人は，データベースを介してこれらの基本情報，監査手続を入手し，地域ごとに内部監査を展開する。地域特有のリスクは地域ごとに配慮するが，グローバルレベル／グループレベルのリスク認識や監査品質の統一を図ることが可能である。

事例3　人に関する改善

　C社は，巨大消費財小売業で内部監査部門には，100名超が所属している。課題は内部監査人のキャリアパスが不明確で優秀な人材が内部監査部門への配属に魅力を感じないことである。

　とられたアクションは，経営トップの理解と協力の下に明確なスタッフのローテーションプランを作成した。内部監査部門での勤務期間は2〜3年とし，会社のすべてのビジネスユニットの内部監査にユニット当たり3〜6ヵ月間従事することとした。これにより，会社全体のビジネスに対する深い理解を得ることができることになった。内部監査部門への採用者も経理，IT，技術者など多様な人材とした。また，内部監査部門は客観性を維持しなければならないが，客観的視点で業務をみる姿勢を身につけることで，執行部門に戻ってからの自らの業務改善に役立つこととなった。

　内部監査を経験した人材が，執行部門で活躍することで，内部監査部門の組織内の位置づけも高まり，優秀な人材が魅力を感じるキャリアパスが内部監査部門へのローテーションプログラムを通じて実現することになった。

　別の会社は，世界的な自動車メーカーである。内部監査部門には100名超が所属している。課題は，内部監査人の人材開発プログラムがなく，組織的な人材育成ができていなかったことである。

　とられたアクションは，職階ごとの人材開発カリキュラムを明文化したことである。職階に応じてマネジメントスキルの教育も含めた。また，公認内部監査人の資格取得を奨励し，協会活動への参加も促進した。アクション自体に新味はないが，内部監査部門固有の人材開発カリキュラムが作成されていない組織は多いようである。こうした地道な改善策が実は内部監査部門への信頼・信用を高める道であることを示す事例である。

事例4　プロセスに関する改善

　D社は世界的な化学メーカーである。内部監査部門には80名が所属している。課題は，内部監査品質の高度化が求められていることである。

　とられたアクションは，内部監査の品質評価の導入である。これにより，IIAの国際基準への準拠性が高まり，組織内の内部監査部門に対する信頼・信用が高まった。

　内部監査に従事する者は，少なくとも一度はIIAの国際基準を通読しているはずであり，内部監査部門の組織的あり方，内部監査機能のあるべき姿について，国際基準から大きく乖離した内部監査部門はほとんど存在しないものと思われる。しかしながら，内部監査機能のさらなる向上のためには，より詳細にわたってIIAの国際基準に準拠することが有効である。それには，品質評価という継続的手続を内部監査部門に取り入れることが近道であろう。

事例5　テクノロジーに関する改善

　E社は，ある国でホテル業を全国規模で展開している。内部監査部門には約50名が所属している。課題は，拠点数の増加にともない監査ローテーション期間が長期化していること，往査コストが増大していることである。

　とられたアクションは，データマイニングソフトウェアを利用して，拠点の総勘定元帳データについて，30～40のレビューを実施することであった。データマイニングの対象項目は，期初の逆仕訳，決算締め直前の仕訳，丸数金額の仕訳，特定勘定（本来ERPデータによる自動仕訳が設定されている）の手入力仕訳，労務費・食事手当の人員比分析，売上・経費の対予算比較，売掛金回転率，棚卸資産回転率，四半期で仕訳数10件以下の勘定，貸方売上／借方現金・売掛金以外の仕訳，貸倒引当

金，減耗仕訳，取消仕訳，他である。初年度に2拠点でパイロットプログラムを実行し，毎年，対象拠点を拡大していった。効果は，リアルタイムでのリスクの特定/モニタリングが可能となったこと，より少ない時間でより広範囲かつ多くのデータを分析することが可能となったことであり，また，発見事項の重要度が向上したこともあげられる。

　マニュアルの監査手続では，試査であっても相当の時間を要するため，発見事項にも単なる誤謬，小額のミスも含まれる。データマイニングにより，これら誤謬やミスは，リアルタイムでの把握が可能となり，都度，拠点会計部門が修正をかけることで，もはや独立的評価の範囲ではなく，日常のモニタリングの範囲となる。独立的評価としての内部監査は，データマイニングにより，重大なリスクが潜在している可能性があると判断される項目とデータマイニングがカバーしていない内部統制の評価に注力することができ，結果的に発見事項の重要度が向上することになる。

　ITを利用した内部監査手法については，本内部監査実務シリーズの第3分冊『ITと内部監査』で詳述しているので参照されたい。

　本書の冒頭で述べた通り，われわれ内部監査にかかわるすべての人々が内部監査のイノベーションを担う役割を負っている。古今東西を問わず優れた先例に学び，自分たちのツールやプロセスとしてより使い易く，より高度なものに変革していく努力が望まれる。本内部監査実務シリーズの第2分冊以降では，内部監査のイノベーションのためのヒントをさらに詳細に提供していきたい。

参考文献

㈳日本内部監査協会翻訳・監修（2006）『ソイヤーの内部監査―現代内部監査の実践―』vol.1。

㈳日本内部監査協会（2007）『50年のあゆみ』。

㈳日本内部監査協会訳（2011）『専門職的実施の国際フレームワーク』。

鳥羽至英・八田進二・高田敏文訳（1996）『内部統制の統合的枠組み〔理論篇／ツール篇〕』白桃書房。

箱田順哉（2009）『テキストブック内部監査』東洋経済新報社。

八田進二監訳・中央青山監査法人訳（2006）『全社的リスクマネジメント〔フレームワーク篇〕』東洋経済新報社。

巻末資料

1. 「内部監査の専門職的実施の国際基準」(2011年1月1日改訂版)
   International Standards for the Professional Practice
   of Internal Auditing
2. 「倫理綱要」(2009年1月1日改訂版)
   Code of Ethics

〔檜田信男監訳／㈳日本内部監査協会発行〕

3. 内部監査マニュアル例

1．内部監査の専門職的実施の国際基準

序

　内部監査は，目的，規模，複雑さ，および構造を異にした組織体のなかで，また，組織体の内部の人または外部の人により，法的および文化的に多様な環境のもとで行われる。内部監査の実務に影響を及ぼすこのような相違があるにしても，内部監査人と内部監査部門がその責任を果たすために，「内部監査の専門職的実施の国際基準」（以下「基準」という）に従うことが肝要である。

　また，法令の定めにより基準の特定部分への準拠が制約されることがあるときには，内部監査人または内部監査部門は，基準の他の部分はすべて準拠していること，およびこの旨の適切な開示が必要である。

　この基準が他の権威ある機関の基準（以下「他の基準」という）とともに用いられるときは，状況に応じ，監査上の伝達として，他の基準を用いていることに触れてもよい。その際にこの基準と他の基準との間に不整合が生じる場合は，内部監査人および内部監査部門は，まずこの基準に従わなければならない。もしも他の基準がより制約的であるときには，他の基準に準拠してもよい。

　この基準が意図するところは以下のとおりである。
1．内部監査の実務において範とする基本原則を叙述すること
2．広範な付加価値の高い内部監査を実施し，推進するためのフレームワークを提供すること
3．内部監査の業務を評価するための基礎を確立すること
4．より高い組織的プロセスや業務の実施であるように支援すること

　この基準は原則に志向した拘束的な性格をもつ要求事項であり，次の2つからなっている。

- 基本的要求事項を明らかにした本文（Statements）：組織体および個人レベルで，国際的に適用可能な，内部監査の専門職的実務のため，およびその業務遂行の有効性を評価するためのもの
- 解釈指針（Interpretations）：上記の基本的要求事項を明らかにした本文で用いられている言葉や概念を明確にするためのもの

　この基準では，その用語について，用語一覧（Glossary）で解説している特定の意味を与えて用いている。基準では，とりわけ，must（「しなければならない」）の用語を，無条件に遵守しなければならないことを示すために用いている。そしてshould（「すべきである」）の用語を，専門職的判断を行使し，基準からの逸脱を正当化できる状態があるときを除き，準拠することが当然のこととして期待される場合に用いている。

　基準を正しく理解し適用するためには，本文や解釈指針のみならず，用語一覧で特定された意味を含めて考えることが必要である。

　基準は，人的基準（Attribute Standards），実施基準（Performance Standards）の２つに分類される。人的基準は，内部監査を実施する組織や個人の特性を定めたものである。他方，実施基準は内部監査の業務の内容を明らかにするとともに，内部監査業務の実施を測定する質的評価規準となるものである。人的基準および実施基準は，内部監査部門のすべての業務（アシュアランス業務およびコンサルティング・サービスの双方）に適用される。

　実施準則（Implementation Standards）は，人的基準および実施基準の拡張として，アシュアランス業務（A），または，コンサルティング・サービス（C）に関する要求事項である。

　アシュアランス業務は，事業体，業務，ファンクション，プロセス，システム，ならびにその他の対象事項について，独立した監査の意見ないし結論を得る基礎として，内部監査人が入手した証拠の客観的な評価を意味する。個々のアシュアランス業務の

内容と範囲は，内部監査人により決定される。一般に，アシュアランス業務には，次の三者が関与する。
(1) プロセス・オーナー：事業体，業務，ファンクション，プロセス，システム，その他の対象事項に直接かかわる者ないしグループ
(2) 内部監査人：評価を行う者ないしグループ
(3) 利用者：評価結果を利用する者ないしグループ

コンサルティング・サービスは，性質として，助言の提供（advisory）であり，一般に依頼部門からの具体的な要請に基づいて実施される。個々のコンサルティング業務の内容と範囲は，依頼部門との合意による。一般に，コンサルティング・サービスは，次の二者からなる。
(1) 内部監査人：助言を提供する者ないしはグループ
(2) 依頼部門：助言を必要として，これを受ける者ないしグループ

コンサルティング・サービスを実施するにあたって，内部監査人は，客観性を維持すべきであり，また経営管理者としての責任を負ってはならない。

この基準の策定および見直しは，継続的なプロセスとして行う。内部監査人協会の内部監査基準審議会（The Internal Audit Standards Board）は，基準の発表に先立ち広範囲にわたる意見を求め議論を積み重ねている。これには公開草案のプロセスで，パブリック・コメントを全世界に要請することを含んでいる。公開草案は内部監査人協会のウェブサイトに掲示されるだけでなく，すべての地域の内部監査人協会に配付される。

人 的 基 準

1000 ── 目的，権限および責任

　内部監査部門の目的，権限および責任は，IIAが定める内部監査の定義，倫理綱要およびこの内部監査の専門職的実施の国際基準（以下「基準」という）に適合し，内部監査基本規程において正式に定義されなければならない。内部監査部門長は，内部監査基本規程を定期的に見直し，その承認を得るために最高経営者（senior management）および取締役会に提出しなければならない。

解釈指針：

　内部監査基本規程は，内部監査部門の目的，権限および責任を明確にする正式な文書である。内部監査基本規程は，組織体における内部監査部門の地位を確固にし，取締役会に対する内部監査部門長の職務上（functional）の報告関係の内容（nature）を示すとともに，内部監査（アシュアランスおよびコンサルティング）の個々の業務（engagement）の遂行に関連する，記録・人・物的な財産について証拠資料入手の権限を認め，内部監査の活動の範囲を明確にするものである。内部監査基本規程の最終承認権限は取締役会にある。

　　1000.A1── 組織体に対して提供されるアシュアランス業務の内容は，内部監査基本規程において明確にされなければならない。組織体外の第三者に対してアシュアランス業務を行う場合であっても，これらのアシュアランス業務の内容は，同じように内部監査基本規程において明確にされなければならない。
　　1000.C1── コンサルティング・サービスの内容も，内部監査基本規程において定義されなければならない。

1010 ── 内部監査基本規程における内部監査の定義，倫理綱要，および基準の明示

　内部監査基本規程において，内部監査の定義，倫理綱要および基準の拘束的な性格を明示しておかなければならない。内部監査部門長は，内部監査の定義，倫理綱

要および基準について，最高経営者および取締役会に十分な説明をすべきである。

1100 — 独立性と客観性

内部監査部門は組織上独立していなければならず，かつまた内部監査人は内部監査の業務（work）の遂行にあたって客観的でなければならない。

解釈指針：

独立性とは，公正不偏な仕方で内部監査の職責を果たすにあたり，内部監査部門の能力を脅かす状態が存在しないことである。内部監査部門の責任を有効に果たすのに必要なレベルの独立性を確保するために，内部監査部門長は，最高経営者および取締役会に対する，直接かつ無制限な報告の機会を有する。これは内部監査部門長が両者に対する2つの報告経路をもつことにより実現できる。独立性への脅威は，個々の監査人，内部監査（アシュアランスおよびコンサルティング）の個々の業務，内部監査部門および組織体全体の，それぞれのレベルで管理されなければならない。

客観性とは内部監査人の公正不偏な精神的態度であり，客観性により内部監査人は自己の業務の成果を真に確信し，かつ品質を害さない方法で，個々の業務を遂行することが可能となる。客観性は内部監査人に対して，監査上の諸問題に関する判断を他人に委ねないことを求めている。客観性への脅威は，個々の監査人，個々の業務，内部監査部門および組織体全体の，それぞれのレベルで管理されなければならない。

1110 — 組織上の独立性

内部監査部門長は，内部監査部門の責任を果たすことができるよう組織体内の一定以上の階層にある者に直属しなければならない。内部監査部門長は少なくとも年に1回，内部監査部門の組織上の独立性の確保について，取締役会に報告しなければならない。

解釈指針：

組織上の独立性は，内部監査部門長が取締役会への職務上の報告を行うことにより，有効に確保される。職務上の報告の例として，取締役会が次のことを行う場合があげられる。

・内部監査基本規程を承認する。
・リスク・ベースの内部監査部門の計画を承認する。
・内部監査部門の計画やその他の事項に対する遂行状況について内部監査部門長から伝達を受ける。
・内部監査部門長の任命や罷免に関する決定を承認する。
・不適切な監査範囲や監査資源の制約が存在するか否かについて，最高経営者および内部監査部門長に適切な質問をする。

　　1110.A1 ― 内部監査部門は，内部監査の範囲の決定，その業務の遂行および結果の伝達について妨害を受けることがあってはならない。

1111 ― 取締役会との直接の意思疎通
　内部監査部門長は，取締役会に対し直接伝達し，そして直接の意思疎通を図らなければならない。

1120 ― 個人の客観性
　内部監査人は，公正不偏の態度を保持し，利害関係を有してはならない。

解釈指針：
　利害関係とは，信頼される地位にある内部監査人が，組織体にとって最大限得られる利益に相反するが，専門職としての，または個人としての利益をもつ状況のことである。そういった相反する利益は，内部監査人の職務を公平に完遂させることを困難にさせることがある。利害関係というものは，非倫理的または不適切な行動結果がなくとも存在する。利害関係は，内部監査人，内部監査部門および専門職それぞれに対する信頼を損なうかもしれない不適切な外観を作り出す可能性がある。利害関係は，内部監査人の職務と責任を客観的に遂行するための個人の能力を侵害することもある。

1130 ― 独立性または客観性の侵害
　事実としてまたは外観として，独立性あるいは客観性が損なわれた場合には，その詳細を関係者に開示しなければならない。なお開示の内容はその侵害の程度によ

り異なる。

解釈指針：

　組織上の独立性と個人の客観性の侵害には，たとえば次のものがある。すなわち，個人的な利害関係，業務範囲の制限，記録・人・財産についての証拠資料入手の制約，たとえば監査部門の資金不足など監査資源の限界。

　独立性または客観性の侵害の詳細を開示すべき関係者の決定は，その侵害の程度次第であると同時に，内部監査基本規程に示される最高経営者や取締役会が，内部監査部門や内部監査部門長に期待する責任の程度による。

>　**1130.A1**── 内部監査人は，以前に自らが責任を有していた特定の業務についての評価をしないようにしなければならない。過去1年以内に自らが責任を有した活動を対象として個々のアシュアランス業務を行う場合，その客観性は損なわれているものとみなされる。
>
>　**1130.A2**── 監査以外のことで内部監査部門長が責任を有している職務を対象とする個々のアシュアランス業務は，内部監査部門外の者の監督下で行わなければならない。
>
>　**1130.C1**── 内部監査人は以前に自らが責任を有した業務に関し，コンサルティング・サービスを提供することがあってもよい。
>
>　**1130.C2**── 依頼を受けたコンサルティング・サービスに関連して，内部監査人が独立性または客観性を損なう可能性がある場合は，個々のコンサルティング業務を引き受ける前に，依頼した部門にその事実を知らせなければならない。

1200 ── 熟達した専門的能力および専門職としての正当な注意

　内部監査（アシュアランスおよびコンサルティング）の個々の業務は，熟達した専門的能力と専門職としての正当な注意とをもって遂行されなければならない。

1210 ── 熟達した専門的能力

　内部監査人は自らの責任を果たすために必要な「知識・技能・その他の能力」を備えていなければならない。さらに内部監査部門は部門の責任を果たすために必要

な「知識・技能・その他の能力」を，部門総体として備えているかまたは備えるようにしなければならない。

解釈指針：

「知識・技能・その他の能力」とは，内部監査人が自らの専門職としての責任を有効に遂行するために求められる熟達した専門能力をあらわす集合的な用語である。内部監査人は適切な専門的認証や資格を得ることにより，熟達した専門能力を証明することが奨励されている。専門的認証や資格とは，たとえば内部監査人協会（IIA）やその他の適切な専門職的組織が提供する，公認内部監査人（CIA）の称号やその他の称号をさしている。

- 1210.A1— 個々のアシュアランス業務のすべてもしくはその一部を遂行するために必要な「知識・技能・その他の能力」を部門の内部監査人が欠く場合は，内部監査部門長は適切な助言と支援を部門外から得なければならない。
- 1210.A2— 内部監査人は，不正のリスクを評価し組織体がそのリスクを管理する手段を評価するための，十分な知識を有していなければならないが，不正の発見と調査に第一義的な責任を負う者と同等の専門知識をもつことは期待されていない。
- 1210.A3— 内部監査人は与えられた業務を遂行するために，重要な情報技術（IT）のリスクおよびコントロール手段の十分な知識と，活用可能なテクノロジー・ベースの監査技法を身につけていなければならない。しかしながら，すべての内部監査人が情報技術（IT）の監査業務に第一義的な責任を負う者と同等の専門知識をもつことは期待されていない。
- 1210.C1— 内部監査人が個々のコンサルティング業務のすべてもしくはその一部を実施するのに必要な「知識・技能・その他の能力」に欠ける場合には，内部監査部門長はその個々の業務を辞退するか，あるいは適切な助言と支援を得なければならない。

1220 — 専門職としての正当な注意

内部監査人は，平均的にしてかつ十分な慎重さと能力を備える内部監査人に期待

される注意を払い技能を適用しなければならない。専門職としての正当な注意とはまったく過失のないことを意味するものではない。

> 1220.A1— 内部監査人は以下の諸点に配慮して専門職としての正当な注意を払わなければならない。
> ・個々のアシュアランス業務の目標を達成するために必要な業務の範囲
> ・アシュアランスの手続の適用対象事項の相対的な，複雑性，重要性
> ・ガバナンス，リスク・マネジメントおよびコントロールの各プロセスの妥当性と有効性
> ・重要な誤謬，不正，法令等違反の可能性
> ・潜在的な便益とアシュアランスのためのコストの関係
>
> 1220.A2— 専門職としての正当な注意を払うにあたって，内部監査人はテクノロジー・ベースの監査技法とその他のデータ分析技法の使用を考慮しなければならない。
>
> 1220.A3— 内部監査人は目標，業務または経営資源に影響を及ぼすおそれのある重要なリスクに注意しなければならない。しかし，専門職としての正当な注意を払ってアシュアランスの手続を実施した場合においても，その手続のみで重要なリスクのすべてが識別されるということの保証にはならない。
>
> 1220.C1— 内部監査人は個々のコンサルティング業務において，専門職としての正当な注意を払うにあたり以下の諸点に配慮しなければならない。
> ・依頼部門のニーズと期待。これには個々の業務の内容，実施時期，結果の伝達が含まれる。
> ・個々の業務の目標を達成するために必要な相対的な業務の複雑性と範囲。
> ・潜在的な便益と個々の業務のためのコストとの関係。

1230 ― 継続的な専門的能力の向上（development）

内部監査人は継続的な専門的能力の向上をつうじて，「知識・技能・その他の能力」を高めなければならない。

1300 ― 品質のアシュアランスと改善のプログラム

　内部監査部門長は，内部監査部門を取り巻くすべての要素を網羅する，品質のアシュアランスと改善のプログラムを作成し維持しなければならない。

解釈指針：

　品質のアシュアランスと改善のプログラムは，内部監査部門の内部監査の定義や基準への適合性の評価や，内部監査人が倫理綱要を適用しているか否かの評価ができるように設計されている。そのプログラムはまた内部監査部門の効率性と有効性を評価しかつ改善の機会を明らかにする。

1310 ― 品質のアシュアランスと改善のプログラムの要件

　品質のアシュアランスと改善のプログラムでは，内部評価と外部評価の双方を実施することにしていなければならない。

1311 ― 内部評価

　　内部評価では以下の双方を実施しなければならない。
- 内部監査部門の業務遂行についての継続的モニタリング。
- 定期的レビュー。これは（内部監査部門の）自己評価により実施されるか，または（内部監査部門以外の）組織体内の内部監査の実施の十分な知識を有する他の人々により実施される。

解釈指針：

　継続的モニタリングは，内部監査部門の日々の監督，レビューおよび測定に関する不可欠な構成要素である。継続的モニタリングは，内部監査部門の管理に用いる日常業務の方針と実務に組み込まれている。そして継続的モニタリングにあたっては，内部監査の定義，倫理綱要および基準への適合性を評価するために必要と考えられるプロセス，ツールそして情報を用いる。

　定期的レビューは，内部監査の定義，倫理綱要および基準への適合性を評価するために実施するアセスメントである。

　内部監査の実施の十分な知識は，少なくとも専門職的実施の国際フレームワーク

（IPPF）のすべての要素の理解をもつことが必要である。

1312 — 外部評価

　外部評価は，組織体外の適格にしてかつ独立したレビュー実施者またはレビュー・チームによって，最低でも5年に1度は実施されなければならない。内部監査部門長は取締役会と以下の点について話し合わなければならない。
・より頻繁に外部評価を行う必要性
・潜在的な利害関係を含めた，レビュー実施者またはレビュー・チームの適格性と独立性

解釈指針：

　適格なレビュー実施者またはレビュー・チームは，2つの領域（内部監査の専門職的実施および外部評価プロセス）について能力を明確にする必要がある。その能力は，実務経験と理論的な学習との両者によって修得される。類似の規模，複雑さ，活動分野または業種，専門的な課題をもつ組織体のなかで得られた実務経験は，それらの関係の薄い組織体で得られた実務経験よりいっそう有益である。レビュー・チームの場合は，チーム構成員のすべてがそれらの能力のすべてを保有することまで求められていない。チームが全体として適格である必要がある。レビュー実施者またはレビュー・チームが適格とされる十分な能力を有するか否かを評価する場合，内部監査部門長は，専門職的判断を行使する。

　独立したレビュー実施者またはレビュー・チームは，事実としてまたは外観としての利害関係をもたず，対象となる内部監査部門の属する組織体の一部または支配下でないことを意味する。

1320 — 品質のアシュアランスと改善のプログラムの報告

　内部監査部門長は品質のアシュアランスと改善のプログラムの結果を，最高経営者および取締役会に伝達しなければならない。

解釈指針：

　品質のアシュアランスと改善のプログラムの結果の伝達における，形式，内容，頻

度は，最高経営者や取締役会との話し合いをつうじて決定され，内部監査基本規程に含まれる内部監査部門や内部監査部門長の責任を勘案する。内部監査の定義，倫理綱要および基準への適合性を表明するため，外部評価および定期的な内部評価の結果は，評価完了時点で伝達される。そして継続的モニタリングの評価結果は最低でも年次で伝達される。それらの外部評価および定期的な内部評価の結果には，レビュー実施者またはレビュー実施チームによる，適合性レベルの評価が含まれる。

1321 ──「内部監査の専門職的実施の国際基準に適合している」旨の表現の使用

内部監査部門が「内部監査の専門職的実施の国際基準」に適合していると，内部監査部門長が表明できるのは，品質のアシュアランスと改善のプログラムの評価結果に基づき適合しているとされる場合に限られる。

解釈指針：

内部監査部門が基準に適合しているとは，内部監査の定義，倫理綱要および内部監査の専門職的実施の基準に述べられていることを，内部監査部門が達成していることを意味する。品質のアシュアランスと改善のプログラムの結果には，内部評価および外部評価の双方の結果が含まれる。

すべての内部監査部門は，内部評価を実施しその意図している結果を確保する必要がある。また同時に5年を超える内部監査部門は，外部評価を実施しその結果を確保する必要がある。

1322 ── 不適合の開示

内部監査部門長は，内部監査の定義，倫理綱要または基準に適合していないとすることが，内部監査部門の全般的な監査範囲または業務に影響を与える場合，その不適合であることとその影響を最高経営者および取締役会に明らかにしなければならない。

巻末資料

実 施 基 準

2000 ── 内部監査部門の管理

　内部監査部門長は，内部監査部門が組織体に価値を付加することが確実となるように，有効に内部監査部門を管理しなければならない。

解釈指針：

　内部監査部門は以下が満たされた場合に，有効に管理されているといえる。
- 内部監査部門の業務の結果が，内部監査基本規程に定められている目的と責任を達成していること
- 内部監査部門は，内部監査の定義および基準に適合していること
- 内部監査部門に所属する個人が，倫理綱要や基準に適合していることを実証していること

　内部監査部門が，客観的かつ適切なアシュアランスを行い，ガバナンス，リスク・マネジメントおよびコントロールの各プロセスの有効性と効率性に役立っているときに，内部監査部門は，組織体（およびその組織体の利害関係者）に価値を付加しているといえる。

2010 ──（内部監査部門の）計画の策定

　内部監査部門長は，組織体のゴールと調和するように内部監査部門の業務の優先順位を決定するために，リスク・ベースの監査の計画を策定しなければならない。

解釈指針：

　内部監査部門長はリスク・ベースの監査の計画を策定する責任がある。内部監査部門長はその策定にあたり，組織体のリスク・マネジメントのフレームワークを考慮するが，経営管理者が組織体のさまざまな活動または部署のために設定している，組織体が積極的に受容するリスクのレベル（リスク選好）などを利用することができる。もし組織体にリスク・マネジメントのフレームワークが存在しない場合は，最高経営者や取締役会の助言を得たうえで，内部監査部門長は，自分自身でリスク判断をする。

2010.A1— 個々のアシュアランス業務について，内部監査部門の計画は，少なくとも年に1度実施される文書化されたリスク評価に基づかなければならない。このプロセスでは，最高経営者および取締役会からの意見を聞き，それを考慮しなければならない。

2010.A2— 内部監査の意見およびその他の結論について，最高経営者，取締役会およびその他の利害関係者の期待を，内部監査部門長は意識し考慮しなければならない。

2010.C1— 依頼された個々のコンサルティング業務を引き受けるかについては，その引き受けた個々の業務の別に，組織体のリスクの管理を改善させ，価値を付加し，組織体の業務改善を図ることができるかどうかの可能性をもとに，内部監査部門長は判断すべきである。引き受けた個々の業務は，内部監査部門の計画に含めなければならない。

2020 — 伝達と承認（Communication and Approval）

内部監査部門長は，重要な中途の変更を含め，内部監査部門の計画および必要な監査資源について，最高経営者および取締役会に伝達し，レビューと承認を受けなければならない。内部監査部門長は，また監査資源の制約による影響についても伝達しなければならない。

2030 — 監査資源の管理

内部監査部門長は，承認された計画を遂行するのに必要な監査資源が，適切，十分であることと，かつ有効に配置されていることを確実にしなければならない。

解釈指針：

適切は，計画を遂行するのに必要な「知識・技能・その他の能力」の混合をさしている。十分は，計画の実施に必要な資源の量をさす。資源は，承認された計画が最大限に達成される方法で使用されるときに，有効に配置されているといえる。

2040 — 方針と手続（Policies and Procedures）

内部監査部門長は，内部監査部門の手引きとするような方針と手続を策定しなけ

ればならない。

解釈指針：
方針と手続の形式と内容は，内部監査部門の規模や構造，そして内部監査部門の業務の複雑さによって異なる。

2050 — 調整（Coordination）
内部監査部門長は，適切な内部監査の業務範囲を確保し，業務の重複を最小限にするために，内部監査部門以外のアシュアランス業務やコンサルティング・サービスを行う組織体内部および外部の者と，情報を共有し活動の調整をすべきである。

2060 — 最高経営者および取締役会への報告
内部監査部門長は，内部監査部門の目的，権限，責任および内部監査部門の計画に関連する業務遂行について，定期的に最高経営者および取締役会へ報告しなければならない。報告にはさらに，重要なリスク・エクスポージャー（リスクに曝されている度合い）とコントロール上の課題が含まれなければならない。これには不正のリスク，ガバナンス上の課題や，最高経営者または取締役会が必要とするかあるいは要求するその他の事項も含まれる。

解釈指針：
報告の頻度と内容は，最高経営者や取締役会との話し合いにより決定され，そして伝達しようとする情報の重要性と，最高経営者または取締役会によりとられる関連する措置の緊急性によって異なる。

2070 — 外部のサービス・プロバイダと内部監査についての組織体の責任
外部のサービス・プロバイダが内部監査部門としての役目を果たす場合，プロバイダは組織体に対し，効果的な内部監査部門を維持する責任が組織体にあることを意識させなければならない。

解釈指針：
　内部監査の定義，倫理綱要，内部監査の専門職的実施の国際基準への適合性を評価する品質のアシュアランスと改善のプログラムを通じ，この責任は明確に示される。

2100 ─ 業務の内容
　内部監査部門は専門職として規律ある姿勢で体系的な手法を用い，ガバナンス，リスク・マネジメントおよびコントロールの各プロセスを評価し，各々の改善に貢献しなければならない。

2110 ─ ガバナンス
　内部監査部門は，次に掲げる目標を達成するためのガバナンス・プロセスを評価し，その改善のための適切な提言をしなければならない。ガバナンス・プロセスの目標は次のとおり。
・組織体において，適切な倫理観と価値観を高める。
・組織体の業務遂行に有効なマネジメントとアカウンタビリティを確保する。
・リスクとコントロールに関する情報を，組織体の適切な部署に伝達する。
・取締役会，外部監査人，内部監査人および最高経営者（management）間の活動をコーディネートし，それらの間の情報を伝達する。

　2110.A1─ 内部監査部門は，組織体の倫理関連の目標，プログラムおよび活動の，設計，実施および有効性を評価しなければならない。
　2110.A2─ 内部監査部門は，組織体の情報技術（IT）ガバナンスが，組織体の戦略や目標を支えているかどうかを評価しなければならない。

2120 ─ リスク・マネジメント
　内部監査部門はリスク・マネジメント・プロセスの有効性を評価し，リスク・マネジメント・プロセスの改善に貢献しなければならない。

解釈指針：
　リスク・マネジメント・プロセスが有効であるか否かの決定は，内部監査人の以下

の項目の評価に基づく。
・組織体の目標がその使命（ミッション）を支援しかつ使命に適合している。
・重要なリスクが識別され評価されている。
・組織体のリスク選好に沿って，諸リスクに見合う適切な対応が選択されている。
・組織体の要員，最高経営者および取締役会が責任を遂行することができるよう，関連するリスクの情報が適時に組織全体として捕捉され伝達されている。

内部監査部門は，この評価の基礎となるいくつかの内部監査の個々の業務をつうじて情報を収集する。これらの個々の業務の結果をあわせてみることにより，組織体のリスク・マネジメント・プロセスとそれらの有効性の理解を得ることができる。リスク・マネジメント・プロセスは，継続的な管理活動または独立的評価あるいはその双方をつうじてモニターされる。

2120.A1— 内部監査部門は以下にかかわる組織体のガバナンス，業務および情報システムに関するリスク・エクスポージャー（リスクに曝されている度合い）を評価しなければならない。
・財務および業務に関する情報の信頼性とインテグリティ
・業務とプログラムの有効性と効率性
・資産の保護
・法令，方針，定められた手続および契約の遵守

2120.A2— 内部監査部門は不正の発生可能性，および組織体が不正リスクをいかに管理しているかを評価しなければならない。

2120.C1— 個々のコンサルティング業務の遂行過程において，内部監査人はその個々の業務における目標に密接に結び付いたリスクに取り組むとともに，その他の重要なリスクの存在についても注意を払わなければならない。

2120.C2— 内部監査人は，個々のコンサルティング業務をつうじて得られたリスクの知識を，組織体のリスク・マネジメント・プロセスに対する内部監査人の評価に組み入れなければならない。

2120.C3—内部監査部門がリスク・マネジメント・プロセスの確立や改善について経営管理者を支援する場合，実際にリスクを管理することによる，経営管理者のいかなる責任も負うことがあってはならない。

2130 ― コントロール

内部監査部門は，コントロール手段の有効性と効率性を評価し，継続的な改善を進めることにより，組織体が有効なコントロール手段を維持することに役立たなければならない。

2130.A1― 内部監査部門は以下に関連し，組織体のガバナンス，業務および情報システムにおけるリスクに対応するように，コントロール手段の妥当性と有効性について評価しなければならない。
- 財務および業務に関する情報の信頼性とインテグリティ
- 業務とプログラムの有効性と効率性
- 資産の保護
- 法令，方針，定められた手続および契約の遵守

2130.C1― 内部監査人は，個々のコンサルティング業務から得られたコントロール手段についての知識を，組織体のコントロール・プロセスに対する評価に組み入れなければならない。

2200 ― 内部監査（アシュアランスおよびコンサルティング）の個々の業務に対する計画の策定

内部監査人は内部監査（アシュアランスおよびコンサルティング）の個々の業務に対して，個々の業務の目標，範囲，実施時期と資源の配分を含む計画を策定し文書化しなければならない。

2201 ― 計画の策定における考慮事項

内部監査（アシュアランスおよびコンサルティング）の個々の業務の計画の策定にあたり，内部監査人は以下の諸点を考慮しなければならない。
- レビューの対象となる活動の目標および当該活動の実施をコントロールする手段
- レビューの対象となる活動，その目標，経営資源および業務に対する重要なリスク，およびリスクの潜在的な影響を受容可能な水準に維持するための手段
- 関連するコントロールのフレームワークまたはモデルと比べた場合の，レビューの対象となる活動のリスク・マネジメント・プロセスおよびコントロール・プロ

セスの妥当性と有効性
・レビューの対象となる活動のリスク・マネジメント・プロセスおよびコントロール・プロセスについての大きな改善の機会

2201.A1── 組織体外の当事者に対しての個々のアシュアランス業務を計画する場合，内部監査人は，個々の業務の目標，範囲，それぞれの関係者の責任および他の期待事項について，個々の業務結果の配付の制限や個々の業務の記録に対するアクセスの制限を含めて，書面で当該組織体外部者の同意を得なければならない。

2201.C1── 内部監査人は，個々のコンサルティング業務の目標，範囲，それぞれの関係者の責任，その他の依頼部門の期待事項について，個々の業務の依頼部門の同意を得なければならない。重要な個々の業務に関する同意は文書化されなければならない。

2210 ── 内部監査（アシュアランスおよびコンサルティング）の個々の業務目標

内部監査（アシュアランスおよびコンサルティング）の個々の業務について，目標が設定されなければならない。

2210.A1── 内部監査人はレビュー対象となる活動に関し，事前にリスク評価を実施しなければならない。個々のアシュアランス業務の目標は，この評価の結果を反映するものでなければならない。

2210.A2── 内部監査人は，個々のアシュアランス業務の目標を設定するにあたり，重要な誤謬，不正，コンプライアンス違反，その他のエクスポージャー（リスクに曝されている度合い）の可能性を考慮しなければならない。

2210.A3── コントロール手段を評価するためには妥当な規準が必要となる。目標やゴールが達成されたかどうかを確かめるため，経営管理者がどの程度に妥当な規準を設定したかを，内部監査人は確認しなければならない。妥当とされるときには内部監査人は当該規準を使用しなければならない。妥当でないときには内部監査人は経営管理者が適切な規準を設定するように支援しなければならない。

2210.C1— 個々のコンサルティング業務の目標について，依頼部門と合意した範囲内で，ガバナンス，リスク・マネジメントおよびコントロールの各プロセスを対象としなければならない。

2210.C2— 個々のコンサルティング業務の目標は，組織体の価値，戦略および目標に適合していなければならない。

2220 ― 内部監査（アシュアランスおよびコンサルティング）の個々の業務範囲（scope）

設定された内部監査（アシュアランスおよびコンサルティング）の個々の業務の範囲は，個々の業務の目標を満たすのに十分でなければならない。

2220.A1— 個々のアシュアランス業務の範囲は，第三者の管理下にあるものを含め，関連するシステム，記録，人および物的財産を考慮に入れなければならない。

2220.A2— 個々のアシュアランス業務の遂行過程で，重要なコンサルティングを実施する必要が生じた場合には，コンサルティングの基準に従って，目標，範囲，それぞれの関係者の責任，その他の期待事項に関する特別の合意を書面で明らかにすべきである。そして個々のコンサルティング業務の結果は，コンサルティングの基準に従って伝達されるべきである。

2220.C1— 個々のコンサルティング業務の実施にあたって，内部監査人は合意された目標に取り組むために個々の業務の範囲が十分であることを確実にしなければならない。もし内部監査人が，個々の業務を実施中に範囲が不十分であるという懸念をもった場合には，個々の業務を続行すべきかどうか依頼部門と討議しなければならない。

2220.C2— 個々のコンサルティング業務においては，内部監査人は個々の業務の目標に適合したコントロール手段に取り組むとともに，重要なコントロール上の諸問題に注意を払わねばならない。

2230 ― 内部監査（アシュアランスおよびコンサルティング）の個々の業務への資源配分

内部監査人は，内部監査（アシュアランスおよびコンサルティング）の個々の業務の内容や複雑さの評価，時間の制約および利用可能な資源に基づき，個々の業務の目標を達成するための適切かつ十分な資源を決定しなければならない。

2240 ― 内部監査（アシュアランスおよびコンサルティング）の個々の業務の作業プログラム（Engagement Work Program）

内部監査人は，内部監査（アシュアランスおよびコンサルティング）の個々の業務の目標を達成するための作業プログラムを作成し，文書化しなければならない。

- **2240.A1**― 作業プログラムは，個々のアシュアランス業務の実施過程に関する情報を，識別・分析・評価および文書化するための手続を含まなければならない。作業プログラムはその実施に先立って承認されなければならず，いかなる修正もすみやかな承認を経て実施されなければならない。
- **2240.C1**― 個々のコンサルティング業務のための作業プログラムは，個々の業務の内容によって形式と内容が異なることがある。

2300 ― 内部監査（アシュアランスおよびコンサルティング）の個々の業務の実施

内部監査人は，内部監査（アシュアランスおよびコンサルティング）の個々の業務の目標を達成するため，十分な情報を識別・分析・評価し，また文書化しなければならない。

2310 ― 情報の識別

内部監査人は，内部監査（アシュアランスおよびコンサルティング）の個々の業務の目標を達成するため，十分かつ，信頼でき，関連し，かつ有用な情報を識別しなければならない。

解釈指針：

　十分な情報とは，思慮深い知識のある者であれば，内部監査人として同じ結論に達するような，事実に基づいた妥当で納得のいくものである。信頼できる情報とは，適切な内部監査（アシュアランスおよびコンサルティング）の個々の業務に関する技法の使用により入手可能な最善の情報である。関連する情報とは，個々の業務の発見事項や改善のための提言の基礎となるものであり，個々の業務の目標と合致するものである。有用な情報とは，組織体がそのゴールに到達するのを助けるものである。

2320 ─ 分析および評価

　内部監査人は，適切な分析と評価に基づいて，結論および内部監査（アシュアランスおよびコンサルティング）の個々の業務の結果を得るようにしなければならない。

2330 ─ 情報の文書化

　内部監査人は，結論および内部監査（アシュアランスおよびコンサルティング）の個々の業務の結果を裏づける，関連する情報を文書化しなければならない。

　　2330.A1 ─ 内部監査部門長は，個々のアシュアランス業務に関する記録へのアクセスを管理しなければならない。内部監査部門長は，外部に対する当該記録の公表以前に，その状況に応じて，最高経営者および法律顧問もしくはそのいずれかの承認を得なければならない。

　　2330.A2 ─ 内部監査部門長は，記録が保管される媒体に関係なく，個々のアシュアランス業務の記録の保管要件をあらかじめ設定しなければならない。これらの保管要件は，組織体のガイドライン，関連規制やその他の要件と整合したものでなければならない。

　　2330.C1 ─ 内部監査部門長は，個々のコンサルティング業務の記録の内外関係者への公表と同様に，個々の業務の記録の管理と保管とに関する方針をあらかじめ設定しなければならない。これらの方針は，組織体のガイドライン，関連規則，その他の要件と整合したものでなければならない。

2340 ── 内部監査（アシュアランスおよびコンサルティング）の個々の業務の監督

業務目標を達成し，品質を確保し，要員の能力向上を確保することを確実にするために，内部監査（アシュアランスおよびコンサルティング）の個々の業務は適切に監督されなければならない。

解釈指針：

必要とされる監督の範囲は，内部監査人の熟達度と経験および内部監査（アシュアランスおよびコンサルティング）の個々の業務の複雑性に依存する。個々の業務を内部監査部門が実施する場合も，または外部のサービス・プロバイダに委託する場合も，個々の業務の監督の全責任は内部監査部門長にある。ただし内部監査部門長は，適切な経験を有する内部監査部門のメンバーにレビューさせることができる。監督の適切な証拠は，文書化され保管される必要がある。

2400 ── 結果の伝達

内部監査人は，内部監査（アシュアランスおよびコンサルティング）の個々の業務の結果を伝達しなければならない。

2410 ── 伝達の規準

伝達には，適切な，結論，改善のための提言および改善措置の計画とともに，内部監査（アシュアランスおよびコンサルティング）の個々の業務の目標とその範囲を含めなければならない。

> **2410.A1**── 個々のアシュアランス業務の結果の最終的伝達には，状況に応じ，内部監査人の意見および結論の双方またはそのいずれかを含めなければならない。意見や結論を表明する場合，最高経営者，取締役会およびその他の利害関係者の，内部監査人の意見や結論への期待を考慮に入れなければならず，また十分かつ信頼でき，適切にして有用な情報に基づかなければならない。

解釈指針：
　個々の業務レベルにおける意見は，結果についての評点づけ（rating），結論またはその他の記述である場合があり，そのような個々の業務は，特定のプロセス，リスクまたはビジネス・ユニットを取り巻くコントロール手段に関係している場合がある。意見の形成は，個々の業務の結果とその重要性（significance）を考慮する必要がある。

　　2410.A2―内部監査人は，（アシュアランス対象の）業務の遂行が十分と認められる場合には，そのことを個々のアシュアランス業務の伝達において述べることが望ましい。
　　2410.A3― 組織体の外部の者に，個々のアシュアランス業務の結果を開示する場合，結果の配付と利用範囲の制約を，その結果の伝達にあたって明示しておかねばならない。
　　2410.C1― 個々のコンサルティング業務の内容や依頼部門のニーズにより，個々の業務の進捗および結果の伝達は，形式と内容が異なることがある。

2420 ― 伝達の品質
　伝達は，正確，客観的，明確，簡潔，建設的，完全かつ適時なものでなければならない。

解釈指針：
　正確な伝達とは，誤りや曲解がなく，基礎となる事実に忠実である。客観的な伝達とは，公正で偏らずそして先入観のないものであり，すべての関連する事実と状況の公正でバランスのとれた評価の結果である。明確な伝達とは，容易に理解でき，そして論理的で，不必要な専門用語を排除し，すべての重要かつ関連する情報を提供するものである。簡潔な伝達とは，要領を得たもので，凝りすぎ，余計な詳細，冗長さ，くどい言い回しを排除したものである。建設的な伝達とは，内部監査（アシュアランスおよびコンサルティング）の個々の業務の対象部門や，組織体に役立つもので，必要な場合は改善を導くものである。完全な伝達とは，対象の読者に対し，基本的な要素を欠くことがなく，改善のための提言と結論を裏づけるすべての重要かつ関連する情報と発見事項を含むものである。適時な伝達とは，時宜を得て目的にかなうもので

ある。経営管理者が，課題の重要性に基づき，適切な改善措置をとることができるようにするものである。

2421 ── 誤謬および脱漏

　　最終報告のなかに重要な誤謬または脱漏があると気付いた場合，内部監査部門長は，訂正した情報を誤謬等のある情報の伝達を受けたすべての関係者に伝達しなければならない。

2430 ──「内部監査の専門職的実施の国際基準」に適合して実施された旨の使用

　　内部監査人は，内部監査（アシュアランスおよびコンサルティング）の個々の業務について「『内部監査の専門職的実施の国際基準』に適合して実施された」と報告することができる。ただし内部監査人が上記の表現を使うことができるのは，この表現が妥当であると品質のアシュアランスと改善のプログラムの結果によって満足される場合のみである。

2431 ──「基準」等に適合しない場合の内部監査（アシュアランスおよびコンサルティング）の個々の業務の開示

　　内部監査の定義，倫理綱要または基準に対する不適合が，内部監査（アシュアランスおよびコンサルティング）の特定の個々の業務に影響する場合，結果の伝達において以下のことを明示しなければならない。
・完全には適合できなかった倫理綱要の原則または倫理行為規範または基準の項目
・適合できなかった理由
・個々の業務そのものおよび伝達された個々の業務の結果への不適合の影響

2440 ── 内部監査の結果の周知

　　内部監査部門長は，内部監査の結果を適切な関係者に伝達しなければならない。

解釈指針：
　　内部監査部門長またはその命を受けた者は，内部監査（アシュアランスおよびコン

サルティング）の個々の業務の最終の伝達にあたって，事前にレビューし承認する。そして誰にどのようにして周知するかを決定する。

> **2440.A1**— 内部監査部門長は，個々のアシュアランス業務の結果について，相応の考慮を払うことができる関係者に対して最終結果を伝達する責任がある。
> **2440.A2**— 法令や規制により強制されている場合を除き，個々のアシュアランス業務の結果を組織体の外部の者に開示する前に，内部監査部門長は以下のことを行わねばならない。すなわち，
> ・組織体への潜在的なリスクを評価する。
> ・状況に応じて最高経営者および法律顧問もしくはそれらのいずれかに相談する。
> ・結果の利用範囲の制約により，伝達が流布されることを制限する。
> **2440.C1**— 内部監査部門長は，個々のコンサルティング業務の最終結果を依頼部門に伝達する責任がある。
> **2440.C2**— 個々のコンサルティング業務の遂行過程において，ガバナンス，リスク・マネジメントおよびコントロールに関する諸問題が識別されることがある。これらの諸問題が組織体にとって重要であるときは，これを最高経営者および取締役会に伝達しなければならない。

2450 ― 総合意見

総合意見を表明する場合は，最高経営者，取締役会およびその他の利害関係者の総合意見についての期待を考慮に入れなければならず，また十分かつ信頼でき，適切にして有用な情報に基づかなければならない。

解釈指針：
総合意見の伝達においては，次のことを意識しなければならない。
・範囲，これには総合意見にかかる期間を含む。
・範囲の制約。
・関係するプロジェクトすべての考慮，これには他のアシュアランス・プロバイダの信頼度を含む。
・総合意見の基礎として用いた，リスクまたはコントロールのフレームワーク，ま

たはその他の判断規準。
・総合意見，判断，または得られた結論。

望ましくないとする総合意見については，その理由を明示しなければならない。

2500 ― 進捗状況のモニタリング

内部監査部門長は，経営管理者へ伝達された内部監査（アシュアランスおよびコンサルティング）の個々の業務の結果について，その対応状況をモニターする仕組みを確立し，維持しなければならない。

- 2500.A1― 内部監査部門長は，経営管理者による改善措置が有効に実施されていること，あるいは改善措置をとらないことによるリスクを最高経営者が許容していることをモニターし，確実にするためのフォローアップ・プロセスを構築しなければならない。
- 2500.C1― 内部監査部門は，個々のコンサルティング業務の結果への対応状況を，依頼部門と合意された範囲で，モニターしなければならない。

2600 ― 最高経営者のリスク許容についての問題解決

内部監査部門長は，組織体にとって許容できないのではないかとされる水準の残余リスクを最高経営者が許容していると認められる場合，内部監査部門長は，その問題を最高経営者と討議しなければならない。残余リスクにかかわる意思決定の内容が解決されていないときは，内部監査部門長は，問題の解決に向けて取締役会にその事項を報告しなければならない。

用語一覧（Glossary）

〔A〕

Add Value〈価値を付加する〉

　内部監査部門が，客観的かつ適切なアシュアランスを行い，ガバナンス，リスク・マネジメントおよびコントロールの各プロセスの有効性と効率性に役立っているときに，内部監査部門は，組織体（およびその組織体の利害関係者）に価値を付加しているといえる。

Adequate Control〈妥当なコントロール〉

　合理的なアシュアランスを提供するに相応しい方法で，経営管理者が，組織体のリスクが有効に管理されており，組織体のゴールや目標が効率的かつ経済的に達成されることを，計画し整備（設計）しているときに，妥当なコントロールが存在するとみなす。

Assurance Services〈アシュアランス業務〉

　組織体のガバナンス，リスク・マネジメントおよびコントロールの各プロセスにかかる，独立的評価を提供する目的の，入手した証拠の客観的な検証（examination）。例として，財務，業務遂行，コンプライアンス，システム・セキュリティおよび調査・報告業務（デュー・デリジェンス）などに関する個々のアシュアランス業務があげられる。

〔B〕

Board〈審議機関，取締役会〉

　組織体を統治するための機関（organization's governing body）。たとえば，取締役会（boardof directors），経営役員会（supervisory board），行政機関または立法機関の長（head of an agency or legislative body），非営利団体の理事会または役員会（board of governors or trustees of a nonprofit organization），組織体のなかで指名されているなんらか他の機関（any other designated body of the organization）であり，内部監査部門長が職務上（functionally）報告することがある監査委員会（audit committee）も含む。

[C]

Charter〈内部監査基本規程〉

　内部監査基本規程は，内部監査部門の目的，権限および責任を明確にする正式な文書である。内部監査基本規程は，組織体における内部監査部門の地位を確固にし，内部監査（アシュアランスおよびコンサルティング）の個々の業務（engagement）の遂行に関連する，記録・人・物的な財産についての証拠資料入手（access）の権限を認め，内部監査の活動の範囲を明確にするものである。

Chief Audit Executive〈内部監査部門長〉

　内部監査部門長（Chief Audit Executive：CAE）とは，内部監査基本規程，内部監査の定義，倫理綱要および内部監査の専門職的実施の国際基準に従って，内部監査部門を有効に管理する責任を有する組織体の高い階層の地位（senior position）にある者をさす。内部監査部門長または内部監査部門長に直属する者は，適切な専門職的認証や資格（professionalcertifications and qualifications）を獲得する必要がある。内部監査部門長の肩書は，組織体によりさまざまである。

Code of Ethics〈倫理綱要〉

　内部監査人協会（IIA）の「倫理綱要」は，内部監査の専門職と内部監査の実践に関する「原則」であるとともに，内部監査人に期待される行動を叙述した「行為規範」である。「倫理綱要」は，内部監査業務を提供する当事者および組織体の両者に適用される。「倫理綱要」の目的は，世界中の内部監査の専門職の倫理的な素養を高めることにある。

Compliance〈コンプライアンス〉

　組織体の方針，計画，手続，法令，契約，その他の要請事項を遵守すること。

Conflict of Interest〈利害関係〉

　組織体にとって最大の利益とならないか，あるいは利益とならないようにみられるすべての関係。利害関係は，個人がその義務と責任とを客観的に履行する能力を妨げることになる。

Consulting Services〈コンサルティング・サービス〉
　依頼部門への助言およびそれに関連した業務活動である。個々の業務の内容と範囲は，依頼部門との合意によるものであり，また内部監査人が経営管理者としての責任を負うことなく，価値を付加し，組織体のガバナンス，リスク・マネジメントおよびコントロールの各プロセスを改善することを意図したものである。例として，診断（counsel），助言，ファシリテーション，教育訓練があげられる。

Control〈コントロール〉
　リスクを管理し，設定された目標やゴールが達成される見通しを高めるために，最高経営者（management），取締役会および他の当事者によってとられる措置のすべて。最高経営者は，設定された目標やゴールが達成されることについての合理的なアシュアランスが得られるようにする十分な措置の遂行を計画し，整備し（organize），指揮する。

Control Environment〈コントロール環境〉
　組織体における，コントロールの重要さに関する取締役会および最高経営者（management）の態度および行動。コントロール環境は，インターナル・コントロール（内部統制）・システムの主要な目標を達成するための規律や構造を提供する。コントロール環境には以下の要素が含まれる。
　・誠実性および倫理的価値観
　・マネジメントの哲学と行動様式
　・組織体の構造
　・権限および責任の割当て
　・人事の方針および実践
　・要員の能力

Control Processes〈コントロール・プロセス〉
　リスクが，リスク・マネジメント・プロセスで設定されたリスク許容範囲内にあることを確保するように設計されたコントロール・フレームワークの一部としての，方針，手続，活動。

巻末資料

〔E〕

Engagement〈アシュアランスおよびコンサルティング両方にかかわるEngagementは「内部監査（アシュアランスおよびコンサルティング）の個々の業務」、アシュアランスにかかわるものは、「個々のアシュアランス業務」、コンサルティングにかかわるものは「個々のコンサルティング業務」と訳し分けている。同一基準番号内で複数回Engagementが用いられる場合は、2回目からは「個々の業務」と略している〉

　ある1つの内部監査の任務、作業、またはレビュー活動。たとえば、いわゆる内部監査、統制手段の自己評価（ＣＳＡ）レビュー、不正調査またはコンサルティング・サービスなどがある。個々の内部監査（アシュアランスおよびコンサルティング）の業務は、特定の一連の関連する目標を達成するように設計された複数の作業、もしくは活動を含むこともある。

Engagement Objectives〈内部監査（アシュアランスおよびコンサルティング）の個々の業務における目標〉

　内部監査人により作成され、計画している内部監査（アシュアランスおよびコンサルティング）の個々の業務の成果を定義している、明確かつ簡潔な表明（broad statements）。

Engagement Work Program〈内部監査（アシュアランスおよびコンサルティング）の個々の業務の作業プログラム〉

　内部監査（アシュアランスおよびコンサルティング）の個々の業務の計画を達成すべく設計され、個々の業務において実施すべき具体的な手続を列記した文書。

External Service Provider〈外部のサービス・プロバイダ〉

　特定の分野での専門知識、技能および経験を有する、組織体外部の個人または法人。

〔F〕

Fraud〈不正〉

　詐欺、隠匿または背任の性質を有する不法行為のすべて。これらの行為は、暴力または身体的威力による脅迫の有無にかかわらない。不正は、金銭、財産またはサービスを得るため、支払いを回避するため、サービスの損失を回避するため、もしくは個

人的またはビジネス上の利得確保のために，関係者および組織体によって行われる。

〔G〕

Governance 〈ガバナンス〉

組織体の目標達成に向けて，組織体の活動について，情報を提供し，指揮し，管理し，そして監視するために取締役会によって実施される，プロセスと構造の組み合わせ。

〔I〕

Impairment 〈(独立性と客観性の) 侵害 〉

組織上の独立性と個人の客観性の侵害には，個人的な利害関係，業務範囲の制限，記録・人・財産についての証拠資料入手（access）の制約，たとえば監査部門の資金不足など監査資源の限界。

Independence 〈独立性〉

公正不偏な仕方で内部監査の職責を果たすにあたり，内部監査部門の能力を脅かす状態が存在しないこと。

Information Technology Controls 〈ITコントロール〉

アプリケーション，情報，インフラストラクチャー，人といった情報技術（IT）の基盤にかかる全般的および技術的コントロール手段を提供し，ビジネスの管理やガバナンスを支援するコントロール手段。

Information Technology Governance 〈ITガバナンス〉

全社的な情報技術（IT）が組織体の戦略や目標を支援することを確実にするリーダーシップ，組織構造，プロセスから構成される。

Internal Audit Activity 〈内部監査部門〉

組織体の運営に関し価値を付加し，また改善するために行われる（designed），独立にして，客観的なアシュアランス業務およびコンサルティング・サービスを提供する，部門，部，コンサルタントのチーム，または，その他の専門家をいう。内部監査部門は，ガバナンス，リスク・マネジメントおよびコントロールの各プロセスの有効

性を評価し、改善するために、専門職として規律ある姿勢で体系的な手法を用いることにより、組織体がその目標を達成することを支援する。

International Professional Practices Framework〈専門職的実施の国際フレームワーク〉

「内部監査人協会（IIA）により公表された正式なガイダンスを体系化する概念的なフレームワーク。正式なガイダンスは、2種類から構成される。それは、（1）拘束的な性格をもつ（Mandatory）ガイダンスと、（2）（IIAにより）強く推奨される（Strongly Recommended）ガイダンスである。

〔M〕

Must〈「…しなければならない」〉

「基準」は〝must〟（「…しなければならない」）の用語を、無条件に遵守すべきことを示すために用いている。

〔O〕

Objectivity〈客観性〉

内部監査人の公正不偏な精神的態度であり、客観性により内部監査人は自己の業務（work）の成果を真に確信し、かつ品質を害さない方法で、個々の業務を遂行することが可能となる。客観性は内部監査人に対して、監査上の諸問題に関する判断を他人に委ねないことを求めている。

〔R〕

Residual Risk〈残余リスク〉

経営管理者が、不利な事象（adverse event）の影響の大きさ（impact）と発生可能性（likelihood）を軽減する措置を講じた後にさらに残るリスク。この措置にはリスクに対応するコントロール活動が含まれる。

Risk〈リスク〉

目標の達成に影響を与える事象発生の可能性。リスクは影響の大きさと発生可能性とに基づいて測定される。

Risk Appetite〈リスク選好〉

組織体が積極的に受容するリスクのレベル。

Risk Management 〈リスク・マネジメント〉

組織体の目標達成に関し合理的なアシュアランスを提供するために，発生する可能性のある事象や状況を，識別し，評価し，管理し，コントロールするプロセス。

〔S〕

Should 〈「…すべきである」〉

「基準」は〝should〟（「…すべきである」）の用語を，専門職的判断を行使し，基準からの逸脱を正当化できる状態があるときを除き，準拠することが当然のこととして期待される場合に用いている。

Significance 〈重要性〉

熟慮の対象事項のおかれた状況下での相対的な重要性。これには，大きさ，性質，効果，関連性，影響などの，量と質の要素を含む。関連する目標に鑑みて事柄の重要性を評価する場合，専門職としての判断が内部監査人の強みとなる。

Standard 〈基準〉

広範な内部監査活動を遂行するための，また内部監査の業務を評価するための要件を定めた，「内部監査基準審議会」により公表される専門職としての表明。

〔T〕

Technology-based Audit Techniques 〈テクノロジー・ベースの監査技法〉

汎用監査ソフトウェア，テストデータ・ジェネレイター，コンピュータ・監査プログラム，専門監査ユーティリティ，およびコンピュータ支援監査技法（CAATs）のような，すべての自動化された監査ツールをいう。

〈無断転載禁止〉

巻末資料

2．倫理綱要

はじめに

　本協会の倫理綱要の目的は，内部監査の専門職にある人の倫理的素養を高めることにある。

　内部監査は，組織体の運営に関し価値を付加し，また改善するために行われる，独立にして，客観的なアシュアランスおよびコンサルティング活動である。内部監査は，組織体の目標の達成に役立つことにある。このためにリスク・マネジメント，コントロールおよびガバナンスの各プロセスの有効性の評価，改善を，内部監査の専門職として規律ある姿勢で体系的な手法をもって行う。

　倫理綱要は，ガバナンス，リスク・マネジメント，およびコントロールに対する内部監査による客観的保証への信頼の基礎となる。したがって，内部監査の専門職にとって倫理綱要は必要であり，適用されなくてはならない。

　本協会の倫理綱要は，内部監査の定義を超え，次の2項目を含むように範囲を拡張している。

1．専門職としての内部監査とその実践に関する原則
2．内部監査人に対し行為規範として期待される倫理規則。これらの規則は，原則を実際に適用する際の解釈の助けとなり，内部監査人の倫理行為の指針たるべきものである。「内部監査人」とは，協会会員，協会の認定する専門職資格保持者とその候補者，および内部監査の定義の枠内にある内部監査用役を提供する人をいう。

適用および施行

　この倫理綱要は，内部監査用役を提供する個人および組織の両者に適用される。

　協会会員および協会の認定する専門職資格の保持者とその候補者が，この倫理綱要に違反するときには，会則および運営指針に従って審議され，なんらかの処罰を受けることになる。ある特定の行為が，倫理規則中に定められていないからといって，そ

れがただちに認められる行為，あるいは疑念のない行為とされるものではない。それゆえ，会員および資格保持者とその候補者は，懲戒措置を免れることができない。

原則　Principles
　内部監査人は，下記の諸原則に従い，これを向上させるものとする。

誠実性
　内部監査人の誠実性は，信頼を確固なものとする。このゆえに，誠実性は，自らの判断が信用される基礎となる。

客観性
　内部監査人は，検査の対象とされている活動およびプロセスについて情報を収集し，評価し，伝達するにあたり，専門職としての最高水準の客観性をもって行う。内部監査人はその心証の形成において，関連する状況のすべてについて調和ある評価を行い，自己の利害あるいはその他によって不当に影響されてはならない。

秘密の保持
　内部監査人は，入手する情報がどのような価値をもち，それが誰の所有にあるのかに注意し，開示への法的または専門職としての義務がないかぎり，適切な権限なしに情報を開示してはならない。

専門的能力
　内部監査人は，内部監査業務の実施に当たり必要な知識，技能，経験を用いる。

倫理行為規範（Rules of Conduct）

1．誠実性
内部監査人は，
1.1. 自己の業務を，正直，勤勉および責任をもって行う。
1.2. 法律を遵守し，法律において，また専門職として，期待される開示を行う。
1.3. いかなる違法行為にも意図的に加担せず，内部監査の専門職および組織体に対し疑義を生じさせる行為には関与しない。
1.4. 組織体の適法かつ倫理的な目標を尊重し，貢献する。

2．客観性
内部監査人は，
2.1. 公正不偏な評価を侵害するか，または侵害すると予想されるどのような活動ないし関係にも関与してはならない。このような関与には，組織体の利益に反するおそれのある行為または関係も含む。
2.2. 専門職的な判断を侵害するか，または侵害すると予想されるどのようなことも受容してはならない。
2.3. もしも開示されないときに，検討対象の活動の報告を歪めるおそれのある重要な事実を知ったときには，そのすべてを開示する。

3．秘密の保持
内部監査人は，
3.1. その職務の実施過程で知り得た情報を利用し，保有することには慎重を期する。
3.2. 組織体の適法かつ倫理的な目標にとって望ましくなく，あるいは法律に反するような場合には，いかなる個人的な利益のためにも，またいかなる方法においても，情報を利用しない。

4．専門的能力
内部監査人は，
4.1. 自らが必要な知識，技能，経験を有している業務のみに従事する。
4.2. 内部監査業務は，「内部監査の専門職的実施の国際基準」に従って行う。
4.3. 自らの能力，およびその業務の有効性と質とを継続的に向上させる。

3．内部監査マニュアル例

内部監査マニュアル

本マニュアルは内部監査規程に基づき，内部監査の実施方法等の詳細を定めるものである。

Ⅰ　リスク評価と年度監査計画

1．リスク評価と年度監査計画の作成

内部監査部は，年度監査計画の策定に際し，リスク評価を行う。リスク評価は以下の手順で行う。

① 毎年1月に内部監査部のステークホルダー（CEO・取締役・監査役・・管理部門責任者等）に対しインタビューを実施し，リスク項目の洗い出しとリスク評価の基礎情報を入手する（書式01：「ステークホルダーインタビュー」）

② リスク毎に重要度をそれぞれ高中低の3段階で評価する。評価は内部監査部員の協議により決定する。（書式02「：リスク評価表」）

③ 承認された評価結果に基づき，リスク項目の優先順位づけを行う。

④ リスク評価結果を受けて，監査テーマを決定する。

⑤ 監査テーマに応じて監査対象業務（関係会社／部署）の選定を行い，当該年度における実施時期を設定して年度監査計画案を作成する。（書式03：「年度監査計画」，03-1「内部監査スケジュール」）

⑥ 優先順位及び年度監査計画についてCEOの承認を得る。

⑦ 年度監査計画は，半年後，もしくは必要に応じ随時見直しを行い，変更についてはCEOの承認を得る。

⑧ リスク評価結果，年度監査計画，内部監査スケジュールは内部監査部DBに掲載する。

2．内部監査部DB（データベース）

内部監査部DBには，内部監査部の管理情報，年間計画等の方針，企画に関す

る情報を掲載し，CEO，内部監査部員のみアクセスできる。

Ⅱ．個別監査業務-事前準備

1．個別監査計画
　内部監査担当者は，内部監査年間計画，又は別途内部監査部長の指示に基き，個別内部監査の計画を作成する。個別監査計画には，監査範囲，監査期間，監査担当者及び従事予定時間を記載する。（書式04：「個別監査計画」）

2．監査チーム編成
　内部監査チームは内部監査部長の承認により編成する。

3．独立性と客観性の要件
　内部監査従事者は，監査対象としている業務から独立した立場を維持しなければならない。内部監査従事者が過去１年以内に従事していた業務，もしくは今後の移動を予定又は希望している業務を監査対象とした場合には，直ちに内部監査部長に報告し，指示を仰ぐこと。

4．内部監査業務DB
　個別監査業務に使用する情報は個別内部監査業務DBに掲載する。
　内部監査従事者が確定し，独立性・客観性の要件が確認されたら内部監査チームリーダーは個別内部監査業務DBを作成し，アクセス権設定を行う。

5．監査通知
　内部監査の実施に当たっては，特段の理由の無い限り，被監査部門・業務責任者に対して監査通知を行う。（書式05：「監査通知」）

6．事前協議
　必要に応じ監査通知前に，監査範囲や監査期間の調整及び個別内部監査計画策定のため，被監査部門の責任者・担当者へのインタビュー等を実施する。

7．監査プログラム
　具体的な内部監査業務は，個別監査プログラムに基づき行う。個別監査プログラムは，内部監査担当者により作成され，内部監査部長の承認を受けるものとする。（書式06：「監査プログラム」）
　監査手法：監査テーマ毎の個別監査プログラムには，整備状況のテスト及び運用状況のテストについて手続を記載する。具体的な手法については下記より選択

して記載する。
　　　通常実施する内部監査の手法
　　　　質問，観察，通査・閲覧　等
　　　状況に応じて実施する内部監査手法
　　　　第三者による確認，ウォークスルー，再実施，CAAT　等
　監査手続の抽出方法：以下から選択して記載する。
(1)　精査（100％の検討）
(2)　特定項目抽出による試査
(3)　監査サンプリングによる試査
　これらの方法のうちどの方法又はどのような組合せが適切かどうかは，それぞれの方法の実行可能性と効率性，及び監査項目の状況によって判断する。
(1)　精査
　内部監査人は，取引種類又は勘定残高を構成している項目の母集団の全体（又は当該母集団を構成している特定の階層の全体）を検討することが最も適切であると判断することがある。
　精査は，例えば以下のいずれかの場合に適切であることがある。
・母集団が少数の金額的に大きい項目から構成されている場合
・特別な検討を必要とするリスクが存在する場合で，他の方法では十分かつ適切な監査証拠を入手することができない場合
・情報システムによって自動的に行われる反復的な性質の計算等，精査が費用対効果の高い方法である場合
(2)　特定項目抽出による試査
　内部監査人は，母集団から特定項目を抽出することを決定することがある。この決定をするに当たって，内部監査人は，監査対象の理解，評価した重要な虚偽表示のリスク，及びテストする母集団の特性などを考慮する。内部監査人の判断による特定項目の抽出はノンサンプリングリスクを伴う。
　抽出される特定項目には，以下のものを含むことがある。
・高額の項目又は他の特性を示す項目
　内部監査人は，高額の項目，又は他の特性を示す項目（例えば，疑いのある項目，通例でない項目，特にリスクが高い項目，又は過去に誤謬の発生した項目）

を，母集団の中から特定項目として抽出することを決定することがある。
 ・一定金額以上のすべての項目
　内部監査人は，取引種類又は勘定残高の合計金額の大きな割合を検討するため，一定金額を超える項目を試査することを決定することがある。
 ・情報を入手するための項目
　内部監査人は，監査対象の特徴又は取引の性質などの情報を入手するために，特定の項目を検討することがある。
(3) 監査サンプリングによる試査
　監査サンプリングによる試査は，母集団からその一部の項目を抽出してテストすることによって，母集団全体に関する結論を導き出すことができるように立案する。
　以下に試査の場合のサンプル数を表に示す。

年次（1年に1回）又は半期（1年に2回）	1件	
四半期（1年に4回）	2件	
月次（1年に12回）	2件	リスクが大きいと判断した場合には，5件までサンプル可能
週次（1年に52回）	5件	リスクが大きいと判断した場合には，15件までサンプル可能
日次（1年に260回）	20件	リスクが大きいと判断した場合には，40件までサンプル可能
1日に複数回	25件	リスクが大きいと判断した場合には，60件までサンプル可能

　ただし，ITに係る業務処理統制のうち，自動化された内部統制については，いったん適切な業務処理統制を組み込めば，意図的に手を加えない限り継続して機能する性質を有している。したがって，ITに係る全般統制の評価結果が有効であることを前提とすれば，必要最低限のサンプル数で運用状況の評価の検討を実施できる。また，ITを利用して自動化された内部統制については，過年度の検討結果を考慮し，検討した時点から内部統制が変更されていないこと，障害・

エラー等の不具合が発生していないこと，及び関連する全般統制の整備及び運用の状況を検討した結果，全般統制が有効に機能していると判断できる場合には，その結果を記録することで，当該検討結果を継続して利用することができる。

Ⅲ．個別監査業務-監査の実施

１．チームキックオフミーティング

　内部監査業務開始に当たっては，内部監査補助者が個別内部監査業務の内容を理解するため，チームキックオフミーティングを行う。キックオフミーティングでは以下の事項を必ず実施する。

　　・本マニュアル等の説明（特に守秘義務及び独立性）
　　・監査通知，個別監査計画，および監査プログラムについて説明し，個別内部監査業務における担当実施内容の説明
　　・インタビュー予定，事前資料の入手状況，調書の取り纏めおよび資料・データの保管方法について説明
　　・業務に従事する会議室の指示。
　　（書式07：「チームキックオフミーティングアジェンダ」）

２．被監査部門とのキックオフミーティング

　内部監査業務の開始に当たっては，原則，被監査部門の責任者・担当者と監査の目的・期間・必要な情報・資料等に監査通知に基づく内容について説明を行う。
　　（書式09：「キックオフミーティングアジェンダ」）

３．監査手続の実施

　内部監査チームは，監査プログラムに基づき，具体的な監査手続を行う。必要に応じて監査手続の追加・削除その他の変更を行う場合には内部監査チームリーダーの確認を受けなければならない。

４．監査調書の作成

　監査調書とは，監査プログラムに基づき実施した手続の作業結果を取り纏めたもの，及び手続の実施に当たって作成または入手した資料・データ等とする。

　内部監査チームは，原則として監査プログラムが記載されている監査調書ファイルに監査手続の実施結果を直接入力するが，必要に応じ別途紙面又はデータフ

ァイルを作成する。

　監査調書には専門職として結論に至った経緯を簡潔・明瞭・正確に記載する。
　監査調書には必ず以下を記載すること。
- ・入手資料のリファレンス
- ・監査実施者名
- ・インタビュー対象者（又は資料提供者）の氏名及び役職名
- ・実施した監査手続の種類（質問，観察，通査・閲覧，第三者による確認，ウォークスルー，再実施，CAATの利用等）
- ・結論および検出事項の有無
- ・検出事項の内容
- ・リスク及び改善提案の内容

5．監査調書の保管

　内部監査従事者が入手した資料・データは監査プログラムのリファレンス番号を基に整理する。

　2　電子ファイルは該当個別内部監査業務DBに保管する。

　3　紙面証跡にはリファレンス番号を付し，監査中であれば内部監査部の一時保管用キャビネットに，プロジェクト終了後は文書管理規程に従い書庫に保管を行う。

　4　調書保管期限は10年と設定する。

6．指摘事項

　内部監査による指摘事項は，規程第○条に従い区分する。○条の①「組織的，反復的又はその他の重大な不備であり，迅速な是正措置を要する事項」を「重要な指摘事項」と呼ぶ。○条の②の「内部監査の対象となった経営及び品質の管理体制が必ずしも十分とは認められないが，改善を要する事項」を「改善指摘事項」と呼ぶ。

　2　重要な指摘事項または改善指摘事項の判断は内部監査チームリーダーが行い，被監査部門との協議を経て内部監査部長が最終承認を行う。

　3　重要な指摘事項または改善指摘事項の他，被監査部門に報告すべき事項については「その他気付き事項」として内部監査報告書に記載する。

7．講評会

　原則，現場での監査業務の終了時に講評会を行い，作業結果と発見事項，報告書案について被監査部門責任者・担当者に説明し，事実誤認の有無を確認する。

　説明項目は以下のとおり：
　・発見事項
　・リスク
　・改善提案
　・今後の予定（所管部門の対応の記載，最終報告書の提出時期，改善実施の報告予定等）

　（書式10：「講評会アジェンダ」）

Ⅳ．個別監査業務-監査報告

1．監査報告書の作成

　監査報告書には，当該個別内部監査業務の概要，総評と主な指摘事項を記載し，個別発見事項の詳細を添付する。（書式11：内部監査報告書）

　作成手順は以下のとおり：

① 監査報告書は，内部監査チームリーダーが作成し，内部監査部長のレビューを受ける。
② 被監査部門責任者への監査報告会を開催し，内部監査報告書案を説明する。
③ 監査指摘事項について被監査部門である所管部門責任者に所管部門の対応欄の記載を依頼する（対応の可否・対応時期・対応内容）。原則2週間以内の回答を要請する。
④ チームリーダーは被監査部門の回答状況をフォローアップする。
⑤ 内部監査部長は，所管部門の対応欄に記載された是正措置・改善計画や不同意の意見が内部監査での指摘事項を正しく捉えたものであることを確認し，是正措置・改善計画が検出事項の解消に有効なものであることを確かめる。
⑥ 内部監査部長は，最終内部監査報告書を遅滞無くCEOに提出する。

2．監査報告書の送付先

　内部監査報告書はCEOに提出し，写しを被監査部門責任者に送付する。内部

監査部長の承認により，必要に応じ内部監査報告書の送付先を追加する事が出来る。
3．書面による改善報告
　内部監査報告書の要改善事項については，内部監査報告書発行日から原則2ヵ月以内に改善・是正した内容について改善報告書を提出するよう被監査部門に要請する。（書式13：改善報告書）

Ⅴ．フォローアップ

1．是正状況のモニタリング
　内部監査報告書が確定後，要改善事項については継続して改善状況をモニターする。（書式14：「指摘事項管理表」）
2．フォローアップの方法
　規程第〇条に基づき，内部監査部長が是正措置・改善計画の実施状況について実施するフォローアップは，内部監査の年間計画に含める。方法，時期，頻度については検出事項の重要性に基づき，内部監査部長が決定する。方法は，改善報告書の確認と，フォローアップ監査とする。
3．改善報告書によるフォローアップ
　内部監査部長は，改善報告書の内容を確認し，容易に検証可能である場合には報告書の確認を以って当該個別監査業務が完了したと見なすことができる。
4．フォローアップ監査
　実際にフォローアップ監査を行う場合には，「Ⅰ　内部監査のリスク評価と年度計画の作成」にける年度計画の対象とし，以降個別監査業務の実施手順に基づき行う。

Ⅵ．品質保証

　規程第〇条に基づき，個々の内部監査業務の品質向上と，内部監査の全体的品質を保証できる体制について以下の継続的内部評価手続を実施する。定期的内部評価及び外部評価については個別に評価計画書を作成する。
1．継続的内部評価
　個別内部監査の実施に当たっては，QAチェックリストを用いて，必須項目が

実施されていることを内部監査チームリーダーが自己確認し，当該内部監査業務を担当していない内部監査部員がこれをレビューする。（書式15：「QAチェックリスト」）

２．QAチェックリストによる自己確認は，内部監査業務の開始時点から開始し，業務の進行に応じて更新する。

３．内部監査業務の終了後，内部監査チームリーダーはQAチェックリストを最終的に確認し，必須の項目が網羅的に充足されていることを確認し，レビューワーである他の内部監査部員にレビューを依頼する。

４．レビューワーは，QAチェックリストの項目に不備がないことを確認し，署名する。不備がある場合には，内部監査チームリーダーに指摘し，是正を要請する。不備指摘時には内部監査部長にチェックリストの写しを送付する。

５．署名後のQAチェックリストはスキャンして個別監査業務DBに保存し，原紙を紙面調書ファイルに保存する。

Ⅶ．その他

１．本マニュアルの改訂

　本マニュアルの改廃は，内部監査部長の承認をもって行う。

２　本マニュアルはyyyy年mm月dd日から施行する。

添付資料：各種書式

索　引

[A～Z]

CAAT··67
COSO-ERM···ⅱ,45
CSA···100
CSR監査··98
ISO監査··98
J/V··108
J/V契約書··109
J-SOX評価··98
SAIV（Self-Assessment with Independent
　　Validation）·····································86

[あ行]

アウトソーシング··································35
安全環境監査··98

ウォークスルー······································66

[か行]

会計監査··98
改善のプログラム··································13
外部評価··13,84
カスタマー環境監査······························98
カスタマー品質監査······························98
ガバナンス・リスクマネジメント・コント
　　ロール··9
監査··98
監査活動報告··75
監査計画······································41,55,57
監査手法··62
監査証拠··67
監査対象··40
監査調書··17,69
観察··64
監査通知··59
監査の実施··41

監査プログラム····································61
監査報告·····································18,19,42
監査報告書··76
監査目的··37

金融商品取引法····································93

クロージングミーティング··················71

権限··30,38,39
健全な懐疑心··30
現地講評会··71

合目的性··31
合理的な保証··12
国際基準··10
コソーシング··35

[さ行]

再実施···64
サンプリング··64

事業部監査··98
自己評価と独立した検証（SAIV）······86
事前準備··59
事前資料··60
実践要綱··10
質問··63
事務的準備··59
集中型の内部監査体制··························36
熟達した専門的能力······························11
守秘義務··32
証明力···68
職務分掌··3
書類保管··43
心象··62

169

ステークホルダー……………………………25

責務…………………………………………30,39
絶対的な保証………………………………12
専門職的実施の国際フレームワーク………7
専門職としての正当な注意………………12

組織…………………………………………38

[た行]

第三者による確認…………………………66

通査・閲覧…………………………………64

データマイニング………………………117

統合CSA…………………………………100
統合内部監査………………………………97
投資家のニーズ………………………………4
統制の属性………………………………102
統制要素…………………………………102
独立性・客観性………………………11,27

[な行]

内部監査規程………………………………37
内部監査シェアードサービスセンター…115
内部監査の定義………………………………8
内部監査の品質評価ガイド………………84
内部監査マニュアル………………………42
内部統制の限界……………………………28
内部統制の無視……………………………28
内部評価………………………………13,84
内部評価の定期的レビュー………………85

[は行]

発見事項………………………………18,71
発生可能性と影響度………………………53
ハップハザード法…………………………66

ヒアリング……………………………………3

品質のアシュアランス……………………13
品質評価……………………………………83
品質保証……………………………………44
品質保証監査………………………………98

フォローアップ………………………20,43,79,80
フォローアップ監査………………………81
複式簿記………………………………………3
部門別Risk & Control一覧………………93
プラクティス・ガイド……………………20
分担型の内部監査体制……………………35

ポジション・ペーパ………………………20

[ま行]

モニタリング………………………………19

[や行]

予備調査……………………………………60

[ら行]

ラップアップミーティング………………71
ランダム法…………………………………66
リスクアプローチ………………………105
リスクの概念………………………………46
リスク評価……………………………15,52
リスクベースの監査計画…………………15
リスクライブラリー………………………46,52
倫理綱要……………………………………10

連携…………………………………………39

ローテーションプラン…………………116

[わ行]

ワークショップ……………………………53

〈著者紹介〉
佐藤政人（さとう　まさと）
あらた監査法人シニアマネジャー，米国公認会計士，公認内部監査人，公認不正検査士，中小企業診断士。
内部監査体制構築，CSR体制構築，J-SOX経営者評価支援などのコンサルティング業務，および内部監査のアウトソーシング業務に従事。
著書：
『内部統制報告制度（J-SOX）導入後の先進的内部監査ガイドブック』（共著，清文社）

《検印省略》

平成23年９月30日　　初版発行　　　　　　　　　略称：内部実務基礎

内部監査実務シリーズ
内部監査の基礎知識

　　　　著　者　　佐藤政人
　　　　発行者　　中島治久

発行所　**同 文 舘 出 版 株 式 会 社**
東京都千代田区神田神保町１-41　〒101-0051
営業 (03) 3294-1801　　編集 (03) 3294-1803
振替 00100-8-42935　http://www.dobunkan.co.jp

ⒸM. SATO　　　　　　　　　　　　　　　製版：一企画
Printed in Japan 2011　　　　　　　　印刷・製本：萩原印刷
ISBN978-4-495-19641-7